现代化乡村法治体系构建研究

李 哲 著

中南大學出版社
www.csupress.com.cn
·长沙·

图书在版编目(CIP)数据

现代化乡村法治体系构建研究 / 李哲著. —长沙：
中南大学出版社，2024.3
ISBN 978-7-5487-5688-0

Ⅰ. ①现… Ⅱ. ①李… Ⅲ. ①乡村—社会主义法治—
建设—研究—中国 Ⅳ. ①D920.0

中国国家版本馆 CIP 数据核字(2024)第 018456 号

现代化乡村法治体系构建研究

XIANDAIHUA XIANGCUN FAZHI TIXI GOUJIAN YANJIU

李哲　著

□出 版 人　林绵优
□责任编辑　沈常阳
□责任印制　唐　曦
□出版发行　中南大学出版社
社址：长沙市麓山南路　　邮编：410083
发行科电话：0731-88876770　　传真：0731-88710482
□印　　装　河北万卷印刷有限公司

□开　　本　710 mm×1000 mm　1/16　□印张 13.25　□字数 243 千字
□版　　次　2024 年 3 月第 1 版　□印次 2024 年 3 月第 1 次印刷
□书　　号　ISBN 978-7-5487-5688-0
□定　　价　78.00 元

前言 | PREFACE

自治、法治、德治“三治融合”的现代化乡村法治体系的构建能够盘活乡村资源，发挥乡村的主体作用，是基于乡村实践的理论创新。健全“三治融合”的现代化乡村法治体系不仅有利于提高乡村治理能力、实现乡村治理现代化，还有助于推进国家治理体系和治理能力现代化。不可否认，在自治、法治、德治相结合的现代化乡村法治体系的构建过程中，仍然存在这样或那样的问题需要进行剖析和解决。要构建自治、法治、德治“三治融合”的现代化乡村法治体系，就要在坚持党的领导原则的基础上开展工作，除了分别解决自治、法治、德治三个方面存在的问题，还要注意将三者融合作为推进乡村治理的重点，要以德治为自治和法治提供道德情感支撑，以法治为自治和德治提供根本保障，以自治为法治和德治的价值目标，最终实现自治、法治、德治三者的有机统一。

全书共七章。第一章综述了现代化乡村法治体系；第二章介绍了现代化乡村法治体系构建的理论基础和价值意蕴；第三章先介绍了“三治融合”产生的背景和相关内容，然后深入分析了“三治融合”在现代化乡村法治体系构建中的应用价值；第四章分析了依托“三治融合”构建现代化乡村法治体系的情况，对构建现代化乡村法治体系的目标与原则、法治定位、基础工作、注意事项等方面进行了阐述；第五章论述了“三治融合”的现代化乡村法治体系构建的侧重点，阐明了推进乡村基层依法执政和依法行政建设，增强乡村居民法律意识，构建高效普惠的乡村公共法律服务体系，健全自治、法治、德治相结合的乡村治理体系这些需要侧重的方面；第六章论述了“三治融合”的现代化乡村法治体系构建的策略，对完善涉农法律法规以扩大乡村法治覆盖范围、做好普法工作以提高乡村法治成效、依托乡村公共法律服务体系满足乡村群体多元诉求、借助数字乡村建设实现乡村法治体系现代化等方面分别进行了阐述；第七章对“三治融合”的现代化乡村法治体系构建进行了总结，并对创造共建、共治、共享的乡村法治新格局做出了展望。

本书集系统性、科学性、新颖性于一体，知识性、趣味性强，理论研究科学严谨，语言描述准确，章节划分合理，结构体系完整，能够为现代化乡村法治体系的构建提供合理建议和科学指导。

作者在撰写本书的过程中参考了一些专家、学者的研究成果和著作，在此表示衷心感谢。由于时间仓促、水平有限，不足之处在所难免，希望广大读者批评指正。

李　哲

2022 年 12 月

目录 | CONTENTS

第一章

现代化乡村法治体系概述

第一节　乡村法治概述

乡村治理在国家治理体系中占据着重要地位，实现乡村治理法治化、现代化是完善国家治理的重要途径。研究现代化乡村法治体系应以概念理解为起点，为后续的进一步研究打好基础。

一、治理的内涵

“治理”一词最早是同国家活动联系在一起的，主要表现为国家在整体上或某一领域内进行的调整和改善。回顾相关研究，“治理”一词多被应用于国家公共事务管理活动以及政治活动的表述中。

纵观我国历史，国家治理古已有之，“治理”一词在各类古文典籍、各种律法条文里频繁出现。治理作为一种社会实践活动，是人类社会发展的产物，与治国方略密切相关。在尧舜时期，治理思想便已存在，蕴藏于治世的思索之中。西周时期，治理表现为各种制度条文，如《周礼》中就有涉及治安管理的内容。春秋战国时期，诸子百家都将治理的思想融入自身的政治抱负中，各种治理思想纷纷出现，如儒家崇尚以德教化人民、以礼治理国家，法家以法治为核心思想，道家以无为而治为治理原则……这些治理思想都对后世有着深远的影响。由此可见，我国历史上的“治理”强调的是一种治国理政之道，与国家政体有关，是由统治主体实施的行为。

随着社会发展和文明进步，治理被赋予了更多新的内涵。当下的治理概念源于世界银行于 1989 年提出的“治理危机”这一术语。此后，治理成为各国政府关注的焦点之一，学术界也对该议题进行了广泛探讨。需要着重指出的是，这里的“治理”和通常所说的“治理污染”“治理河道”中的“治理”的内涵并不相同。本书所论述的治理最初是一种管理行为，后来被引入哲学领域，成为一种理论思维方式。如今，治理已成为学术界的热门词语，但它的含义是不断发展的，因此，对治理的界定没有统一的标准。

全球治理委员会于 1995 年发表的《我们的全球伙伴关系》将治理定义为各种公共的或者私人的个人和机构管理其共同事务的诸多方式的总和。在治理的相关概念中，全球治理委员会的观点具有一定的代表性和权威性。这一观点不仅明确了治理作为管理方式总和的基本内涵，还体现出治理并不只是国家行为，私人机构中同样存在治理行为。华中师范大学教授徐勇认为，治理是通过一定权力的配置和运作对社会加以领导、管理和调节，从而达到一定目的的活动①。由此可见，现代意义的“治理”概念已经超出了历史上“统治”的范畴，与“统治”有本质区别。这种区别体现在以下三个方面。首先，治理的基本含义就是在既定范围内用权威来维护秩序以满足公众需要。这个权威中心并不是唯一的，并不一定是国家与政府，这就意味着治理主体具有多维性，政府、企事业单位、社会团体、个人皆可作为治理主体，参与治理活动，不同的组织或部门拥有各自独特的治理功能和能力，这些都是其他机构所不能替代的。这一点与统治主体的唯一性有着本质区别。其次，治理的目的是运用权力来引导、控制和规范多种不同制度关系中的公民活动，其核心在于通过建立一套有效的组织体系和程序使公共生活有序运行，以便实现公共利益最大化，而非追求个人或小集体的固有利益。这一点与统治行为服务于统治阶级利益的特点并不相同。最后，治理具有合法性和合理性两个维度，其是否有效依赖治理机制能否为不同群体提供平等参与、相互交流的机会，从而使各治理主体之间相互协调，最终实现治理的协商与协作、多主体相互作用，而不是生搬硬套现行的规则。这一点与自上而下的统治过程有着天然的区别。

二、乡村治理的内涵

“乡村治理”在学术界和国家层面都是备受关注的概念。改革开放以来，我国经济社会持续快速发展，社会主义新农村建设逐步深入，“乡村治理”逐渐成为学术界讨论的热点话题之一。

20 世纪 90 年代，治理理论在西方学术界兴起并不断发展，形成了一套较为完整的理论体系和分析框架，引起了我国学术界的重视。在我国各界对治理理论进行深入研讨的同时，我国农村研究领域出现了一种值得肯定的研究方向——华中师范大学农村问题研究中心（现为“华中师范大学中国农村研究院”）结合我国农业、农村、农民（以下简称“三农”）方面的具体国情，在吸收治理理论的基础上，于 1998 年提出了“乡村治理”这一概念。相较“村

① 徐勇 . 中国农村村民自治 [M]. 武汉：华东师范大学出版社，1997：22.

民自治”的概念，“乡村治理”是对乡村社会进行阐释与分析的概念，对研究处于转型和变革中的我国乡村社会具有更广泛的适用性，能容纳社会变迁中乡村的政治、经济、社会等诸多层面的内容。在此之后，我国学术界以“乡村治理”为关键词的研究遍地开花，这引起了国家层面的重视。2006年，“乡村治理”作为一个政策概念首次出现在中央一号文件中。2014年，中共十八届三中全会提出“国家治理体系和治理能力现代化”。2017年，党的十九大报告明确提出要构建自治、法治和德治相结合的乡村治理体系。2022年，党的二十大报告提出要积极发展基层民主，拓宽基层各类群体有序参与基层治理渠道。

乡村治理这一概念包括“乡村”与“治理”两个方面。其中，“乡村”是一个兼具文化、传统、生态等多个属性的社区概念，侧重于乡村关系与秩序。“乡村”明确了“治理”行为发生的区域范围，“乡村治理”就是“治理”在乡村这一领域的运用，指对乡村区域内的社会公共事务进行治理，以满足乡村居民的公共需求。乡村治理属于基层社会治理的范畴，所以其实施需要以政府为主导、以村民自治组织为重要参与力量（这体现了治理主体的多维性和协作性），最终应能达到使乡村居民受益的目标。

近年来，国家大力推动实施乡村振兴战略，乡村治理也成为当前的研究热点之一。贺雪峰认为，乡村治理是指如何对中国的乡村进行管理，或中国乡村如何可以自主管理，从而实现乡村社会的有序发展①。具体而言，乡村治理要求优化乡村建设和发展方式，从各个方面寻找乡村治理的可靠途径，深入挖掘乡村治理的逻辑，以乡村自身建设发展为出发点，结合乡村实际发展情况，为乡村寻找科学的发展、建设之路，借助现代化工具科学、高效地增强乡村自主管理能力，保持乡村社会生态平衡，推动乡村社会有序建设与稳步发展。

三、法治的内涵

“法治”一词较早见于我国的历史文献。先秦时期的思想家、政治家就已经认识到了法治的重要性。《晏子春秋·景公爱嬖妾随其所欲晏子谏第九》：“昔者先君桓公之地狭于今，修法治，广政教，以霸诸侯。”②《淮南子·氾论训》：

① 贺雪峰．乡村治理研究的三大主题 [J]. 社会科学战线，2005（1）：219-224.

② 晏婴．晏子春秋 [M]. 哈尔滨：北方文艺出版社，2018：12.

“知法治所由生，则应时而变；不知法治之源，虽循古终乱。”① 然而，这里的“法治”主要指法律制度，本质与“法制”相通，并非现代意义上的法治。

现代意义上的“法治”一词对应英文中的 rule of law，意为“法律的统治”。从字面意思看，法治是依照法律治理国家的制度。概括来说，现代法治的概念内涵可归纳为以下三个方面，如图 1-1 所示。

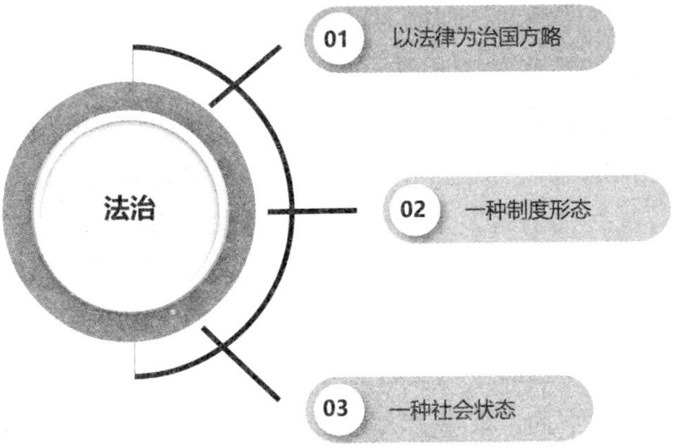

图 1-1　现代法治的内涵

（一）法治指以法律为治国方略

法治指一种以法律为治国基本方式的治国方略，需要明确法律具有权威性，法律在整个社会调整机制和全部社会规范体系中居于主导地位，一切国家及社会行为均须以法律为依据，法是唯一的权威。具体来说，就是在国家治理方面应以法律为依据和准绳，对各种社会现象、事件进行合理处理。在我国，依法治国是党领导人民治理国家的基本方略，是坚持和发展中国特色社会主义的本质要求和重要保障，也是实现国家治理体系和治理能力现代化的必然要求。

（二）法治是一种制度形态

社会主义法治通常指社会主义国家的法律和制度，或者指社会主义民主

① 刘安．淮南子 [M]. 哈尔滨：北方文艺出版社，2018：277.

的制度化、法律化，旨在保证人民群众享有平等参与国家治理的权利和自由，保障公民依法行使民主权利和政治权利。从这一角度来看，法治是一种国家制度形态，具有一定的理念指导性，是治国方略的具象化体现，包含了两方面内涵：一是法律的立法、司法、执法、监督等都要遵循“法律至上”原则，只有在法律制度的作用和影响下，法治才具有真正的治国层面上的意义；二是法律制度在内容上有其特定的原则精神与价值观念，法治中的法律必须能为人类的行为、社会的建设发展带来良性影响，如肯定和维护自由、平等、民主等。

（三）法治是一种社会状态

法治是指在严格依法办事的原则基础上建立起来的法律秩序。从这一角度来看，法治是治国方略、法律制度在运行过程中形成的一种稳定、有序的社会状态，即良好的法律得到普遍遵守、国家权力得到有效制约、公民权利和自由得到充分保障、法律在社会生活中具有至高无上的地位的社会状态。我国坚持建设社会主义法治国家正是在追求这种状态。

总之，法治是人类政治文明发展到一定阶段的重要产物，是人类社会步入现代文明的重要标志之一，还是保障现代社会有序运转的基本构架。大到国家的政体，小到个人的言行，都需要在法治的框架中运行。

四、乡村法治的内涵

乡村法治的本质就是实现乡村治理的法治化，让法治理念渗透乡村治理的各个方面，用法治思维和法治方式治理乡村社会事务。乡村法治是保障乡村社会秩序、保障乡村居民稳定生活、保障乡村居民各项权益的重要基础，也是贯彻依法治国方略、落实乡村振兴战略的重要举措。

乡村法治可以从科学立法、严格执法、公正司法、全民守法四个方面体现出来。首先，在科学立法方面，完善的涉农法律法规是乡村地区治理法治化的前提和基础。完善的涉农法律法规能为乡村地区处理本地区各类事务、涉法案件等提供有力依据，利于构建乡村法律制度体系、优化乡村治理法治化框架。其次，在严格执法方面，乡村执法能力指乡村执法部门在乡村社会执行法律的能力。乡村地区基层治理能力对乡村执法能力有较大影响。而乡村地区基层治理能力的提升需要深化乡村地区行政执法体系改革、减少乡村行政治理主体层级、整合乡村基层治理队伍、提高乡村地区执法效率、合理配置执法力量、强化乡村地区执法部门的内部管理。再次，在公正司法方面，乡村司法能力指乡村以司法方式化解各类乡村纠纷、回应乡村社会需求、维护乡村社会秩序以及推进乡村振兴的能力，是现代化乡村法治体系中不可缺少的一部分。乡村司法力量由乡村干部、人民调解员、司法协理员等多元主体构成。乡村治理法治化要求乡村地区健全多元纠纷预防调处化解机制，完善人民调解、行政调解、司法调解联动体系，发挥行政调解、行政复议、行政裁决的纠纷化解分流作用，积聚和广泛动员社会司法力量。最后，在全民守法方面，守法是法治的关键内容，乡村法治强调对村民的守法教育，培养村民的守法观念，提高村民的法律意识，让村民知法、懂法、守法，以正确的方式捍卫自身合法权益，为实现乡村治理法治化奠定良好基础。

我国乡村地区的法治化治理涉及社会、经济、政治、文化、法律、制度、民生保障、基础设施建设等多个方面，各个方面层层关联、相互交织，政策、制度、技术、知识等多个层面相互融合，反映出乡村法治化治理的综合性。这种综合性自乡村形成开始便贯穿乡村的治理、建设、发展过程中，在这一过程中，乡村法治体系逐渐成形，并随着乡村地区的发展与振兴动态变化和不断完善，为乡村地区的发展与振兴提供多重保障和支持，为实现社会主义现代化、建设社会主义法治国家提供可靠支持。

第二节　现代化乡村法治体系的基本内容

所谓体系，是指若干有关事物或者某些意识相互联系而构成的具有特定功能的有机整体。2019 年，中共十九届四中全会通过的《中共中央关于坚持和完善中国特色社会主义制度　推进国家治理体系和治理能力现代化若干重大问题的决定》明确提出要“加快形成完备的法律规范体系、高效的法治实施体系、严密的法治监督体系、有力的法治保障体系，加快形成完善的党内法规体系”。这表明我国在依法治国方面已迈出新步伐，已进入全面建设社会主义法治国家的新阶段。这五大体系相互衔接、互为补充，反映了我党不断探索法治现代化发展规律和为人类法治文明不断奋斗的精神。

我国始终坚持依法治国，对乡村法治进行方向引导。在新时代，全面推进乡村振兴需要加快构建现代化乡村法治体系。这不仅是我国从战略全局出发，定位法治、布局法治、厉行法治的重要途径，还是完善中国特色社会主义法治体系的重要途径。因此，建设完善乡村范围内的法律规范体系、法治实施体系、法治监督体系、法治保障体系、党内法规体系是构建现代化乡村法治体系的基本内容，如图 1–2 所示。

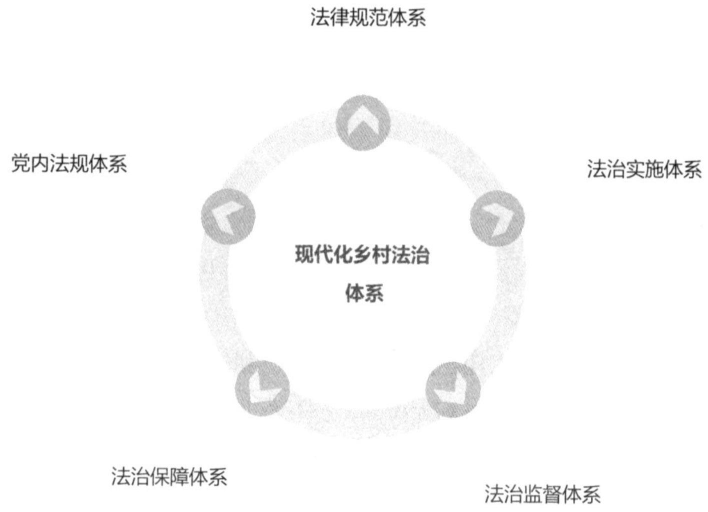

图 1–2　现代化乡村法治体系的基本内容

一、法律规范体系概述

法律规范是由国家制定或认可，并由国家以强制力保证其实施的行为规则。法律规范体系不是具体的某项法律，而是一个国家全部法律规范在分类组合为不同法律部门的基础上构成的统一整体。中国特色社会主义法律体系是立足中国国情和实际、适应改革开放和社会主义现代化建设需要、集中体现中国共产党和中国人民意志，以宪法为统帅，以宪法相关法、民法商法等多个法律部门的法律为主干，由法律、行政法规、地方性法规等多个层次法律规范构成的统一整体。

迄今为止，我国已初步形成了以《中华人民共和国农业法》为基础，以

《中华人民共和国乡村振兴促进法》为统领，以基本经营制度、土地管理、农产品质量安全、资源环境保护、人居环境建设以及基层村民自治等方面的法律为主干，以有关法律中的涉农规定为补充，以行政法规、地方性法规为辅助的农业农村领域法律制度框架体系。高质量立法的系统性、整体性与协同性不断增强，乡村法治整体有法可依。这些法律法规将中央关于强农、惠农、富农的各项政策举措及改革成果法定化，把农村基本经营制度的稳定与完善、农业基础地位的夯实作为标准，为“三农”工作的引领与推进提供了根本性、全局性、战略性的制度保障，对推进现代农业发展、维护乡村社会和谐与稳定、保障农民的合法权益具有重大作用。

无论是建设中国特色社会主义法治体系，还是构建现代化乡村法治体系，完备的法律规范体系都是第一要义。习近平在关于《中共中央关于全面推进依法治国若干重大问题的决定》的说明中指出：“全面推进依法治国，必须努力形成国家法律法规和党内法规制度相辅相成、相互促进、相互保障的格局。”由此，乡村地区法律规范体系的构建与完善对法治乡村建设发展至关重要。在现代化乡村法治体系中，法律规范体系的补充和完善应强调适用性和实用性，从乡村实际出发，充分尊重乡村居民的主体性，使法律与乡约村规相互配合，共同发挥法律制度的限制作用，引导乡村居民自我管理、自我约束、自我提高，在乡村社会树立公平公正的法治权威，将乡村治理引入依法有效治理的轨道上，形成乡村群众遇事找法、解决问题用法、化解矛盾靠法的良好乡村氛围。

二、法治实施体系概述

法律的生命力在于实施，法律的权威需要通过实施来树立和体现，法律的落地实施能够直接影响人们对法律的态度。正当、严格、合理地实施法律是树立法律权威、构建稳定和谐社会秩序的重要和主要方式。另外，法律需要通过有效实施发挥其规范作用，高效的法治实施体系有利于法律树立权威，规范人们的行为、活动，推进社会制度化、规范化、有序化发展，对国家长治久安、社会稳定运行具有重要意义。

截至目前，我国已经基本建立以综合执法为重点的农业行政执法体系，即我国乡村法治的重点实施体系。农业农村部是我国重要的行政执法部门，负责实施的法律和行政法规有几十部，行政执法职责范围覆盖种子、农药、兽药、饲料、肥料、农机、渔政、农产品质量安全等领域。涉农法律法规是否能得到严格公正的实施不仅关乎农业农村部的形象，还直接体现我国的国家治理能力和法治政府建设的水平，与乡村法治息息相关。这些年，我国农业执法经历了执法机构由无到有、执法力量由弱到强、执法范围由小变大的过程，先后经过多次改革，最终形成了上下贯通、运行高效的农业综合执法体系，基本实现了乡村各行各业的全覆盖。

未来，要想建立现代化乡村法治体系，还需要提高法治实施体系的效率。高效的法治实施体系是指能有效确保纸面上的规范成为实践的行为和立法目的如期实现的法治实施体系。在乡村地区构建并广泛应用高效的法治实施体系有利于法律规范、法律制度的精准落地，能够为法律法规、法治制度在乡村地区的推广实施提供科学指导，是检验法律规范体系完善度、法律规范建设水平的重要手段，也是直接反映乡村地区法治能力的重要内容，为乡村法治和建设提供了强大支持力量。在现代化乡村法治体系中，法治实施体系完善的重点在于执法、司法人员素质与能力得到提高。随着依法治国的全面推进，我国乡村群众的法律意识逐步增强，对乡村基层行政执法的规范要求越来越高，这就需要乡村执法、司法人员不仅具有一定的法律知识、法律意识、社会经验，还具备一定的群众工作能力。

三、法治监督体系概述

法律法规需要靠落地实施发挥对行为的规范作用，靠适量的处罚措施防范和减少违法行为发生。而法律法规实施效果如何、法律法规的实施是否足够公平公正、法律实施效率是否符合相关要求等都需要严密的法治监督体系来进行监督和保障。

严密的法治监督体系是指注重对公权力进行规范与制约的一种行之有效的法治化权力监督网络。其主要任务是实现有权有责、用权受监督、违法必追究，这是宪法和法律得以切实贯彻执行的重要保证。其重点内容包括健全宪法实施和监督制度，强化对行政权力的制约和监督，加强对司法活动的监督，发挥党内监督、人大监督、民主监督、行政监督、司法监督、审计监督、财会监督、统计监督、群众监督、舆论监督等的合力，推进法治监督工作制度化、规范化、程序化，深化国家监察体制改革。在现代化乡村法治体系中，完善法治监督体系的重点在于监督手段的现代化，各种信息技术手段的发展为这一需求提供了支持。

四、法治保障体系概述

有力的法治保障体系包括政治和组织保障、人才和物质条件保障、法治意识和法治精神保障等，涉及行政制度、法律制度、社会制度、文化制度、风险防范制度等各类制度，涵盖国家所有法律和各类规章制度等各方面规范性文件，对国家做出的重大决策的合法性具有一定的审查功能。建立有力的法治保障体系是完善机制、深化改革的重要方式。从乡村法治的角度来讲，乡村法治保障体系包括与乡村社会治理相关的各类制度规范、组织、资源等，有力的乡村法治保障体系能够为乡村法治提供政治和组织保障、人才和物质条件保障、法治意识和法治精神保障等，推动乡村现代化、法治化建设，提高乡村法治能力。因此，乡村法治保障体系的重点内容包括以下三个方面。

（一）政治和组织保障

政治保障指国家政府为国家发展和社会建设提供的保障，包括国家政策、国家决策、国家发展方针方向、国家政治立场等。可靠的政治保障能保障一个国家长治久安、社会繁荣有序、人民生活和谐幸福，更能保障这一国家在世界民族之林获得应有的国际认同和尊重。组织保障指各级党组织、各领域社会组织等为国家发展和社会建设提供的保障。政治和组织保障以切实加强和改进党对全面依法治国的领导为重点，要求坚持党的基本路线、拥护党的方针、遵守国家的法律法规、维护国家主权完整、认同国家发展的方针和决策、积极参与国家发展和社会建设。强大的政治和组织保障能为国家发展、社会建设提供坚实后盾，也能为乡村的有序建设和稳定发展提供可靠支持，对乡村法治保障体系的构建具有实质性意义，对现代化乡村法治体系的构建具有重要的推动作用。

（二）人才和物质条件保障

在现代化乡村法治体系中，人才资源与物质资源必不可少。人才资源的补充能为乡村地区带来现代化法治理念，有利于乡村法治活动的顺利开展和法治化范围的不断扩大，有利于法治成果的不断巩固和革新。物质资源包括土地、公共服务基础设施等，如乡村法庭、乡村法律知识讲解教室、乡村人际纠纷处理室等，能为一些法律法治相关行动和活动的展开创造适宜环境，为法治的种子在现代化乡村的沃土里的成长提供充足的空间和养分；物质资源还包括乡村法治云数据库、智慧法院平台、法律文书及卷宗智能管理系统、智能诉状生成系统等，有利于相关人员方便快捷地对各类乡村地区纠纷事件及时进行协调处理、快速记录和备份存档。总之，人才和物质条件保障可以帮助乡村司法人员与执法人员快速记录和处理乡村纠纷事件、化解矛盾纠纷，辅助乡村司法员人与执法人员进行全方位法治宣传、高效处理乡村纠纷事件、做好常态化乡村公共法律服务等业务工作，有效提高乡村法治能力和信息化建设水平，为司法部门、执法部门依法履行职能提供有力保障，健全乡村法治保障体系构建。

（三）法治意识和法治精神保障

法治意识和法治精神保障是指通过各种普法活动提高法律法规在乡村地区的普及程度，培养乡村群众法律意识，提高乡村群众法律素养，引导乡村群众养成尊法、学法、守法、用法的良好习惯，树立法治精神，进而促进乡村地区形成办事依法、遇事找法、解决问题用法、化解矛盾靠法的良好的守法氛围，以此推动乡村法治化社会基础建设，有效提高乡村法治能力和水平。

五、党内法规体系概述

党内法规体系是以党章为根本，以民主集中制为核心，以相关准则、条例等中央党内法规为主干，以部委党内法规、地方党内法规为重要组成部分，由各领域各层级党内法规组成的有机统一整体。乡村党内法规体系是国家党内法规体系的重要组成部分，与乡村地区的党内事务处理、党务工作处理、党组织活动监督、党员队伍建设等密切相关。

完善的党内法规体系包括党章及党的组织法规、党的领导法规、党的自身建设法规、党的监督保障法规。党章之下，这四者相互衔接，相互保障，相互耦合，同向发力，形成了一个有机整体[①]。这一有机整体具有较强的系统性，

① 靳澜涛. 新时代党内法规制度体系的基本构成 [J]. 实事求是，2018（3）：71–74.

能够体现党内法规调整内容的全面性，对党在新时代的发展做出了积极回应，为党的建设与发展提供了全方位的支持和保障。

首先，党内法规体系为乡村地区基层党组织管党治党提供了重要依据。为了更好地建设和管理乡村基层党组织，国家应以现行的党内法规为基础，以国家宏观发展方向、国家整体层面的党内法规等为依据，结合乡村现代化建设情况、乡村经济文化发展情况、乡村法治化建设情况、乡村自我治理情况和乡村道德治理情况等多个方面、多重因素对关于乡村治理的党内法规进行修订和完善，加大党内法规在乡村治理方面的备案审查和解释力度，完善党内法规制定机制，形成配套完备的乡村党内法规制度体系，使乡村党内生活更加程序化、规范化；同时完善乡村党内民主制度体系，使乡村地区基层党组织的权力运行得到更有效的监督与制约，使党执政的制度基础更加稳固。其次，党内法规体系的构建和完善还有利于在宏观、中观、微观的各方面统筹规划和科学调控乡村基层党组织工作，保持党的生机与活力，保障乡村基层党组织的健康发展。最后，乡村地区建设和党内法规体系完善有助于基层党组织更好地负担起凝聚群众、服务群众的重要职责，推动党的组织体系与乡村基层治理体系有机融合，在为乡村基层党组织的建设和壮大提供有力保障的同时推进基层治理体系和治理能力现代化，促进乡村现代化法治化治理行动有序开展，推动现代化乡村法治体系高质量建设。

第三节　现代化乡村法治体系的功能

随着乡村振兴战略的深入实施，乡村居民对美好生活的要求越来越高，一场由国家、社会、个人多元主体共同参与的乡村治理变革悄然兴起。而现代化乡村法治体系凭借其在推进乡村振兴战略实施、保障乡村社会和谐稳定、促进乡村经济繁荣发展、推动社会治理现代化方面的优势成为此次乡村治理变革的一个焦点，在乡村治理中发挥着重要作用。现代化乡村法治体系的功能如图 1-3 所示。

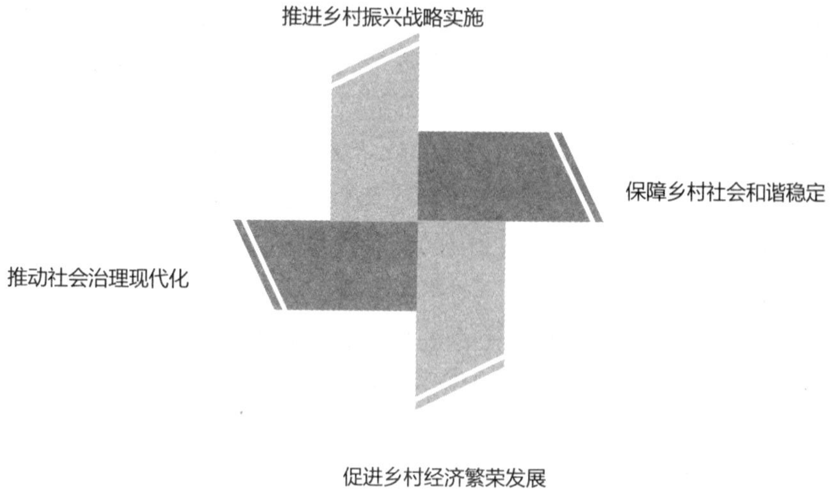

图 1-3　现代化乡村法治体系的功能

一、推进乡村振兴战略实施

2017 年 10 月，党的十九大报告提出，“三农”问题是关系国计民生的根本性问题，必须始终把解决好“三农”问题作为全党工作重中之重，落实乡村振兴战略。实施乡村振兴战略是全面建设社会主义现代化国家的重大历史任务，推进乡村全面振兴是新时代新征程“三农”工作的总抓手。乡村振兴战略的实施是一项系统工程，涵盖了政治、经济、社会、文化、生态各方面的内容，以产业兴旺为重点、生态宜居为关键、乡风文明为保障、治理有效为基础、生活富裕为根本。要实现上述目标，就必须有法治作为保证。

乡村振兴，法治先行。2021 年，《中华人民共和国乡村振兴促进法》（以下简称《乡村振兴促进法》）颁布实施，乡村振兴从此进入具有组织保证、法治保障的新局面，这充分体现了现代化乡村法治体系推进乡村振兴战略实施的功能。

首先，《乡村振兴促进法》是实施乡村振兴战略的法治基石。《乡村振兴促进法》是第一部以乡村振兴命名的基础性、综合性法律，聚焦增加农民收入、提高农民生活水平、提升农村文明程度等重要任务，明确了乡村振兴的总目标、总方针和总要求，将乡村振兴战略实施过程中应坚持的重要原则、重要制度和重要机制定格，明确了乡村振兴的方向与路径。总之，这是一部能够为乡村振兴打基础、管长远、固根本的大法，能够更好地发挥法治的规范、引领和推动作用，确保党中央关于乡村振兴的战略部署能不折不扣地贯彻落实。

其次，《乡村振兴促进法》为乡村振兴战略的实施提供了法治保障。乡村振兴战略的全面实施需要强化顶层设计、采取有力措施、凝聚更大合力。《乡村振兴促进法》把党中央、国务院有关乡村振兴战略的重大决策部署以及各地有效实践经验法定化、制度化，对产业发展、人才支撑、文化繁荣、生态保护、组织建设等乡村振兴的重点工作进行了全方位规定，不仅明确了方向和道路，还画出了禁止和限制的红线，是尊重农民主体、坚持因地制宜、保障乡村振兴的重要依据，有利于举全党、全社会之力推动乡村振兴工作，为乡村振兴战略的全面实施提供坚实的法治保障。

最后，《乡村振兴促进法》为乡村振兴战略的实施提供了法治利器。《乡村振兴促进法》虽未对法律责任做出规定，但从制度上将实践中证明有效的政策体系、工作体系以及责任体系规范化和法定化，明确了各级政府及有关部门推进乡村振兴的责任与任务，提出了建立乡村振兴考核评价、工作年度报告、监督检查等制度的具体要求，围绕城乡融合发展、人地钱支持和工作责任落实的重点和难点问题提出了一系列措施，为乡村振兴战略的全面实施提供了强有力的支撑。

二、保障乡村社会和谐稳定

和谐稳定是乡村居民生活的基本要求，这是历史发展和现实情况所决定的。要实现经济社会协调可持续发展，必须从构建社会主义和谐社会入手，而乡村社会的和谐稳定就是其中的重要组成部分。在社会治理的大环境中，现代化的乡村法治体系能够加速乡村治理的法治化，改善乡村法治环境，对实现乡村社会和谐稳定、长治久安、持续发展意义重大。

1998 年 11 月，第九届全国人民代表大会常务委员会第五次会议通过了《中华人民共和国村民委员会组织法》，自此，村民自治的模式在我国乡村地区蓬勃发展，一定程度上满足了乡村居民对和谐稳定生活的追求。随着我国经济社会发展和民主政治建设进程不断加快，国家对乡村治理提出了更高的要求。单纯的自治模式存在局限性，一些利益纠纷问题仅靠村规民约难以得到解决。因此，建立完善的乡村法治体系作为支撑和保障是有必要的。乡村法治体系能处理乡村的多种社会关系，调节村民利益冲突，起到引领、规范、保障的作用，在推动乡村社会和谐稳定发展方面具有明显的优越性。可以说，现代化的乡村法治体系就是乡村法治建设的重要基础，具有保障乡村社会和谐稳定的功能，有利于乡村社会的长治久安。

三、促进乡村经济繁荣发展

乡村治理的目标是多方面的，任务是复杂的，形势是严峻的。这些特点共同决定了乡村法治建设的艰巨性。与此同时，法治化本身与乡村人情社会状态之间存在的背离容易产生治理新难题。随着改革开放的不断深入，乡村经济也逐步市场化、开放化，在这种情况下，仅仅依靠村规民约、风俗习惯，很难达到理想的治理成效。要想真正有效地推进我国乡村经济繁荣发展，必须从法律层面对乡村社会进行规范。

某种意义上，市场经济就是法治经济。社会主义市场经济从商品经济、产品经济、服务经济发展到如今方兴未艾的体验经济，每一个发展阶段都与法治体系的建设协同。具体来说，市场经济需要法律规范的制约。例如，市场机制在促进竞争的同时引起了无序竞争与不正当竞争等，如果没有法治的规范，市场可能会进入一种无序的局面，经济的健康发展就会受到影响。因此，一个健全的市场是需要法律来保护和调节的，而这一切都仰赖良好的法治环境。尤其是乡村地区，因其独特的自然条件和社会背景，更应注重法治建设。就乡村经济而言，如果缺乏法治体系保障，乡村就很难实现经济发展的目标，这也会对农民增收造成一定阻碍。在这种形势下，乡村法治体系的建设必须适应乡村市场经济的需求，只有这样才能发挥其应有作用，因此，现代化的乡村法治体系构建迫在眉睫。

四、推动社会治理现代化

社会治理现代化是指以现代化的治理手段提升社会治理能力、社会治理效率、社会现代化治理的成效，促进社会现代化发展，最终助力社会主义现代化国家建设。

法治是社会治理现代化发展的一个重要标志，也是乡村治理的核心。乡村法治体系的完善对实现乡村全面振兴和达成建设社会主义现代化国家的目标都有着重大影响。当前，我国乡村经济快速发展，但是与其相适应的法治体系还有待进一步完善。因此，乡村基层政府必须深刻领会建设现代化乡村的发展使命，找准乡村法治体系构建重点，助力乡村法治现代化，从而带动社会治理整体驶入现代化轨道。

值得注意的是，推进乡村法治体系现代化必须在充分尊重乡村群众生活生产方式的前提下进行，将法治观念深入渗透乡村现代化建设发展之中，从细微到整体，从微观到宏观，从区域到全局，在乡村现代化建设的各个环节和每一处细节都尽可能融入法治元素，从而带动乡村地区更快、更全面地驶入现代化建设轨道，然后由点及面，实现整个社会治理的现代化。

第二章

现代化乡村法治体系构建的理论基础和价值意蕴

第一节 现代化乡村法治体系构建的理论基础

现代化乡村法治体系不是无源之水、无本之木，其构建有丰富的理论基础。现代化乡村治理实践只有在科学理论的指导下才能顺利进行，马克思主义基本原理、中国特色社会主义法治理论、党和国家乡村治理理论为现代化乡村法治体系的构建提供了丰富的理论指导。

一、马克思主义基本原理概述

党的二十大报告指出："马克思主义是我们立党立国、兴党兴国的根本指导思想。"随着现代化乡村法治实践的不断深入，乡村社会出现了各种各样的问题，要解决这些问题，只有遵循马克思主义基本原理。马克思主义基本原理为我国现代化乡村法治体系的构建提供了理论先导，其中，理论与实践相结合的原理、普遍性与特殊性关系的原理、经济基础与上层建筑关系的原理是现代化乡村法治体系构建的思想和理论基础，如图 2-1 所示。

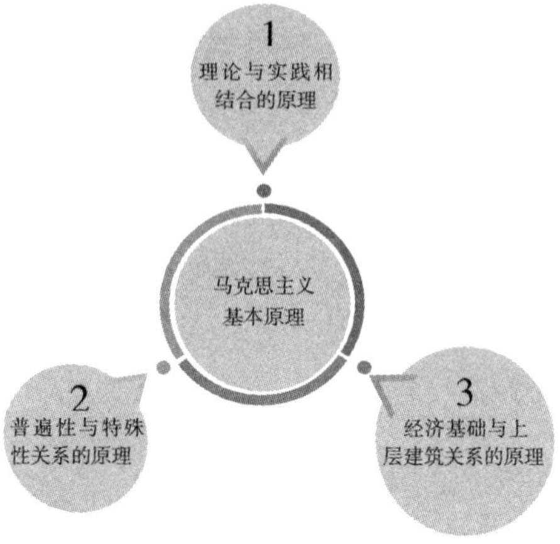

图 2-1 作为现代化乡村法治体系构建的思想和理论基础的马克思主义基本原理

（一）理论与实践相结合的原理

马克思主义基本原理是被人类社会发展历史所证明了的科学客观的理论体系，其源于人类生产生活中大量的实践活动，具有能够对实践起到科学指导的理论特性。理论与实践相结合的原理是马克思主义基本原理的重要组成部分，马克思主义理论只有与实践密切结合才能焕发生机和活力，只有应用于实践中并不断总结发展才能够永葆青春和生命力。我国现代化乡村法治体系的构建需要遵循理论与实践相结合的原理，需要充分尊重我国的社会实践。我国丰富的现代化乡村法治实践为现代化乡村法治体系的构建提供了取之不竭的源泉。“理论是对其所处社会内的自我理解，社会的问题意识是催生理论话语的土壤。离开了其生长的土壤，理论必定发生变异。”[①] 乡村法治本土实践是乡村法治理论研究的根基和关键，我国现代化乡村法治体系的构建应以我国乡村法治的现实逻辑和实践过程中遇到的具体问题为研究对象，推进我国现代化乡村法治工作，构建符合我国国情的、具有中国特色的现代化乡村法治体系。

（二）普遍性与特殊性关系的原理

马克思主义普遍性与特殊性关系的原理对我国现代化乡村法治体系的构建具有重要的指导意义。构建现代化乡村法治体系既要尊重普遍性，善于借鉴人类社会的法治文明成果和其他国家乡村法治方面的有益成果，坚持现代化乡村法治体系构建的普遍原则和普遍经验，又要认识到我国国情和现代化乡村法治体系构建的特殊性。如果不从本国实际出发，现代化乡村法治体系的构建就不会有特色和生命力，也就不可能取得成功。所以，我国现代化乡村法治体系的构建要坚持普遍性与特殊性关系原理的指导，坚持马克思主义基本原理与我国现代化乡村法治实践相结合，探索出一条适合我国乡村法治发展的道路，推动我国乡村治理工作协调有序进行。

---

① 刘毅青．如何构建中国的理论：西方汉学家的思考与启示 [J]. 哲学研究，2014（11）：118–125.

（三）经济基础与上层建筑关系的原理

马克思在《〈政治经济学批判〉序言》中指出：“人们在自己生活的社会生产中发生一定的、必然的、不以他们的意志为转移的关系，即同他们的物质生产力的一定发展阶段相适合的生产关系。这些生产关系的总和构成社会的经济结构，即有法律的和政治的上层建筑竖立其上并有一定的社会意识形式与之相适应的现实基础。”①

马克思主义认为经济基础决定上层建筑，法律作为上层建筑，是统治阶级意志的体现。从我国现代化乡村法治体系的构建现实来看，我国的乡村社会经济发展相对落后，自治能力还比较弱，需要在国家力量的干预下提高自治能力，使经济基础和上层建筑之间的关系协调、稳定发展。

二、中国特色社会主义法治理论概述

中国特色社会主义法治理论是中国特色社会主义理论体系的重要组成部分，是中国共产党在坚持马克思主义的指导下，吸收中国传统法律文化治国理政的智慧，借鉴人类一切先进法律文化的优秀成果，立足中国法治实践，在解决中国法治问题、探索中国法治道路、法治体系的过程中形成的，是社会主义法治理论的优秀成果。中国特色社会主义法治理论为现代化乡村法治体系的构建提供了重要的理论依据，对现代化乡村法治实践的推进具有重要的指导意义。

中国特色社会主义法治理论经历了一个长期的发展过程。1978 年，中共十一届三中全会召开，党中央正式提出了健全社会主义民主和加强社会主义法制的任务，正式拉开了中国特色社会主义法治理论建设的序幕。1997 年，党的十五大正式将依法治国确立为党领导人民治理国家的基本方略。1999 年，宪法修正案明确规定“中华人民共和国实行依法治国，建设社会主义法治国家”。之后，党的历次全国代表大会和中共中央全会又以新的观点丰富、深化了依法治国和法治国家理论。2014 年，中共十八届四中全会将“建设中国特色社会主义法治体系，建设社会主义法治国家”确立为全面推进依法治国的总

① 中共中央马克思恩格斯列宁斯大林著作编译局．马克思恩格斯选集：第 2 卷 [M]. 北京：人民出版社，1972：82.

目标，全面推进了依法治国和法治国家理论的创新发展。2017年，党的十九大报告提出“全面依法治国是中国特色社会主义的本质要求和重要保障”，这反映了新时代党和国家对法治认识的进一步深化。2018年，《中华人民共和国宪法》第五次修正案将“健全社会主义法制”改为“健全社会主义法治”，完成了“法制”到“法治”的转型。2022年，党的二十大报告强调“坚持全面依法治国，推进法治中国建设”，指出全面依法治国是国家治理的一场深刻革命，关系党执政兴国，关系人民幸福安康，关系党和国家长治久安。历史经验表明，法令行则国治国兴，法令弛则国乱国衰。可以看到，一张逐步完善的全面依法治国战略布局图正在形成，中国特色社会主义法治理论也日趋完善。

中国特色社会主义法治理论为现代化乡村法治体系的构建提供了重要的理论基础。特别是党的十八大以来，党中央高度重视乡村治理问题。党的十九大明确提出了乡村振兴战略，并把健全自治、法治、德治相结合的乡村治理体系作为乡村振兴的重要内容。党的二十大提出了全面推进乡村振兴。现代化乡村法治体系是法治中国的重要组成部分，也是全面依法治国的重要体现，其构建需要坚持中国特色社会主义法治理论的科学指导，全面贯彻中国特色社会主义法治理念。在现代化乡村法治体系的构建过程中，需要做好以下几个方面的工作。

首先，构建现代化乡村法治体系要坚持党的领导。在坚持党的领导这个决定党和国家前途命运的重大原则问题上，全党全国必须保持高度的思想自觉、政治自觉、行动自觉。《中华人民共和国宪法》确立了中国共产党全面领导和长期执政的法律地位，坚持党的领导是中国特色社会主义法治的根本要求，也是党和国家的根本所在、命脉所在，是全国各族人民的利益所系、命运所系，是全面推进依法治国的题中应有之义。因此，要构建现代化乡村法治体系，必须加强乡村基层党组织建设，充分发挥乡村基层党组织的战斗堡垒作用和党员的先锋模范作用，确保现代化乡村法治建设始终沿着正确的方向和道路前进。

其次，构建现代化乡村法治体系要坚持人民的主体地位。人民是依法治国的主体和力量源泉。现代化乡村法治体系的构建必须以人民为中心，以保障人民根本权益为出发点和落脚点，为了人民、依靠人民、造福人民、保护人民，保证人民依法享有广泛的权利和自由、承担应尽的义务，维护社会的公平正义，推进共同富裕。因此，在现代化乡村法治体系构建过程中，乡村基层政府要广泛发动人民群众参与进来，构建政绩由人民群众评判、成果由人民群众共享的体系，切实增强人民群众的幸福感、满足感和安全感。

再次，构建现代化乡村法治体系要坚持法治和德治相结合。国家和社会的治理需要法律和道德共同发挥作用，在现代化乡村法治体系的构建过程中，乡村基层政府既要重视法律所发挥的规范作用，又要重视道德所发挥的教化作用。只有将法律和道德紧密结合起来，以法治规范和促进道德理念的建设，以道德滋养和支撑法治文化，才能促进现代化乡村法治的良性发展。我国乡村有中华优秀传统文化的长期积淀，德治基础深厚，因此现代化乡村法治体系的构建尤其要强化德治的力量。总而言之，现代化乡村法治体系的构建要坚持法治与自治、德治相结合，以法治强保障，以自治增活力，以德治扬正气，促进法治与自治、德治相辅相成、相得益彰。

最后，构建现代化乡村法治体系要坚持从实际出发。我国幅员辽阔，东西南北经济社会文化发展差异较大，各地有自己的实际情况，也有最需要解决的实际问题。在现代化乡村法治体系的构建过程中，各地应采取符合当地实际、具有自身特点的做法，既要吸收各地的成功经验，又不能完全照搬照抄。因此，现代化乡村法治体系的构建需要根据乡村自然环境、经济状况、人口结构、风土人情等不同情况，因地制宜开展，不能急于求成、盲目前进，要勇于探索创新，注重工作实效。

总之，现代化乡村法治体系的构建是一项复杂的工程，需要以中国特色社会主义法治理论为指导，按照国家实施乡村振兴战略的总体要求，加强党对法治乡村建设的领导，着力推进乡村依法治理，走出一条富有中国特色的社会主义现代化乡村治理道路。

三、党和国家乡村治理理论概述

党和国家的乡村治理理论为现代化乡村法治体系的构建提供了重要的理论指导。乡村治理是我国国家治理的基石和重要内容，其治理效果和治理水平会直接影响着国家治理现代化的效果。党和国家始终高度重视乡村治理工作，根据时代发展的需要不断整理乡村治理的内容和思路，在乡村治理实践工作的开展过程中积累了丰富经验，为现阶段乡村治理工作的进一步推进和现代化乡村法治体系的构建提供了坚实的理论基础和发展方向。中国共产党百年乡村治理实践主要经历了以下四个发展阶段，如图 2–2 所示。

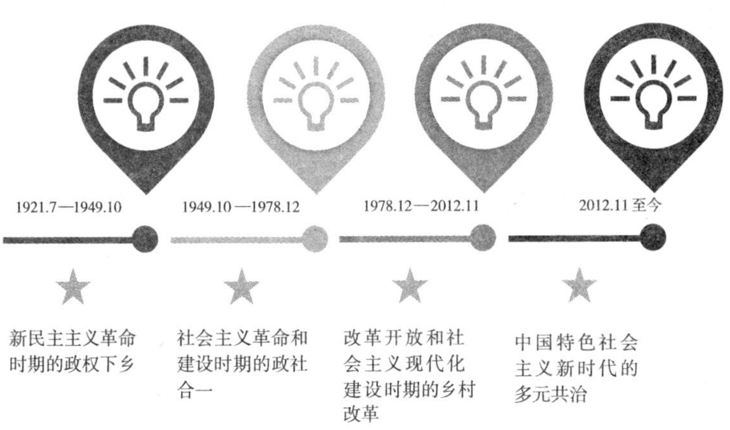

图 2-2　党和国家乡村治理理论发展阶段

（一）新民主主义革命时期的政权下乡

1921 年 7 月中国共产党成立到 1949 年 10 月中华人民共和国成立的这一段时期属于新民主主义革命时期。这一时期，为进一步调动广大农民的革命积极性，发动一切可以发动的力量，中国共产党通过土地革命、政权建设等重要措施，促进农业生产、积极推进乡村基层政权建设，对乡村治理进行了有益探索，重塑了我国的乡村秩序。党紧紧把握我国乡村治理的核心问题，一方面加强党的领导和基层建设，另一方面关注广大农民所关心的土地问题，通过开展土地革命，打破了乡村内部的社会结构，赢得了广大人民的拥护和支持。在抗日战争和解放战争时期，党进一步调整了乡村治理的政策，积极进行乡村建设工作，探索出了一条农村包围城市、武装夺取政权的符合中国实际的革命道路，最终取得了新民主主义革命的胜利。

（二）社会主义革命和建设时期的政社合一

社会主义革命和建设时期指的是 1949 年 10 月到 1978 年 12 月这段时期。1949 年 10 月，中华人民共和国成立后，中国共产党一方面通过土地改革把土地分配给农民，提高了农民的社会地位；另一方面通过农业社会主义改造，将农业和农村问题纳入了国家计划经济的轨道，进一步打破了乡村治理族权制度，为乡村治理秩序的重建打下了坚实基础。此外，在这一时期，中国共产党对乡村基层政权和组织建设工作进行了进一步规范，以“一乡一社”为特征的政社合一体制逐步形成，农民被纳入国家经济体制和政治体制之中，经济地位和社会地位得到了明显提高，这为乡村发展的稳定和乡村治理工作的深入开展打下了坚实的基础。

（三）改革开放和社会主义现代化建设时期的乡村改革

这一时期主要指 1978 年 12 月改革开放政策实行到 2012 年 11 月党的十八大召开，这一阶段党和国家的主要任务是推进改革开放和乡村治理模式的转型，解决好“三农”问题，提高农民收入，缩小城乡差距。1978 年 12 月，安徽省凤阳县小岗村 18 户村民在一张分田到户的包干合同上按下了手印，揭开了我国“联产承包责任制”农村经济改革的序幕。随后针对“三农”和乡村治理问题，国家出台了一系列政策，推动了农村经济体制改革的发展和乡村建设的步伐，大大调动了农民的积极性，农村经济和农民收入快速增长。在经济体制改革的同时，我国的乡村治理模式实现了转型发展。1980年，广西河池屏南乡合寨村广大村民自发召开村民大会，经过选举成立了我国第一个村民委员会，率先在全国开始了村民自治的探索。此后，我国乡村治理工作进一步开展。1987 年 11 月，第六届全国人民代表大会常务委员会第二十三次会议通过了《中华人民共和国村民委员会组织法（试行）》，确立了村民自治的法律地位。1998 年 11 月，第九届全国人民代表大会常务委员会第五次会议通过了《中华人民共和国村民委员会组织法》，进一步调整和规范乡村治理工作。进入 21 世纪后，党和国家对“三农”问题仍保持高度重视和关注，乡村治理工作也进入新农村建设的新阶段。这一时期，党和国家针对乡村治理工作出台了一系列相关措施，进一步完善了基层民主管理制度和乡村治理机制，为乡村治理现代化的实现提供了重要指引。

（四）中国特色社会主义新时代的多元共治

这一时期主要指 2012 年 11 月党的十八大召开至今这段时期，这一阶段党和国家主要针对区域和城乡发展不平衡、不协调等主要问题开展了一系列工作。党的十八大的召开标志着中国特色社会主义进入新时代。2017 年 10 月，党的十九大做出了实施乡村振兴战略的重大决策。2022 年 10 月，党的二十大报告提出，全面推进乡村振兴，坚持农业农村优先发展，坚持城乡融合发展，畅通城乡要素流动。这是中国共产党乡村治理理论的最新成果，也是我国全面建成社会主义现代化强国、实现民族复兴的重要历史使命。我国乡村治理工作在党和国家的一系列政策指导下发生了很大变化，乡村治理主体更加多元，乡村治理方式更加多样，逐步由单一治理模式向多元共治的协同治理模式转变，乡村治理力度加大，乡村治理工作更加务实、更加精细，一切以群众满意为出发点和落脚点。

纵观中国共产党百年乡村治理探索史，乡村治理工作在党和国家的领导下有序推进，为现代化乡村法治体系的构建提供了重要的理论支持、指明了发展方向。

第二节　现代化乡村法治体系构建的价值意蕴

现代化乡村法治是中国特色社会主义新时代的重要议题，是全面推进乡村振兴、实现城乡融合发展的必然选择。现代化乡村法治体系的构建不是空中楼阁，不是虚无缥缈的空谈，其有着深刻的价值意蕴。现代化乡村法治体系构建的价值意蕴主要表现在以下几个方面，如图 2–3 所示。

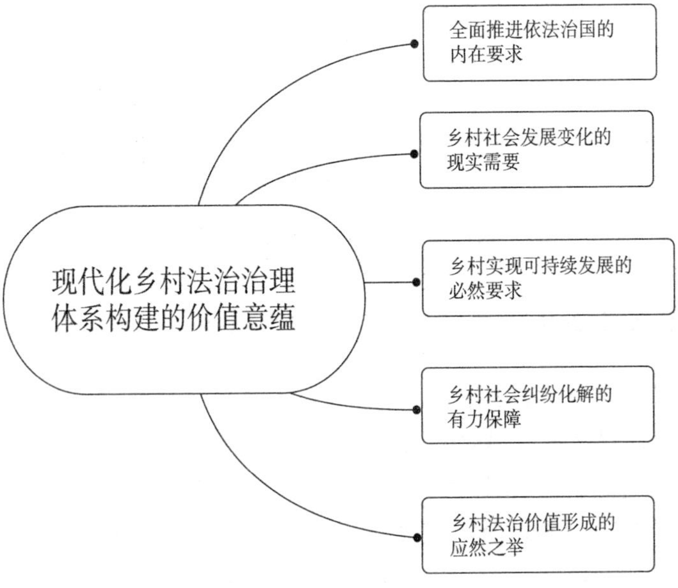

图 2–3　现代化乡村法治体系构建的价值意蕴

一、全面推进依法治国的内在要求

2014 年 10 月，中共十八届四中全会通过《中共中央关于全面推进依法治国若干重大问题的决定》，开启了全面推进依法治国的新航程。会议强调，全面推进依法治国的基础和工作重点都在基层。乡村是基层的重要组成部分，是农业发展和村民生活的基础，因此进一步加强乡村法治建设就成为当前推进依法治国的发力点。在党和国家的不断努力下，我国法治建设取得了重大进步，法律体系不断健全和完善，我国民主法治建设工作迈出了巨大步伐。党的二十大进一步明确了“坚持全面依法治国，推进法治中国建设”，党的二十大报告指出：“全面依法治国是国家治理的一场深刻革命，关系党执政兴国，关系人民幸福安康，关系党和国家长治久安。”乡村地区是我国依法治国的基础和根基所在，“九层之台，起于累土”①，国家法治建设工作必须抓好乡村基层法治建设，促进现代化乡村法治体系的构建。

我国作为人口大国，必须做到政治清明、社会公平，只有这样才能实现民心稳定和长治久安。要做到这一点，最基本的途径就是依法治国，建设社会主义法治国家。法治作为一种治国理念，在推进国家现代化建设进程中发挥着重要作用。法治化建设的时间越长，法治化发展越深入，法治效果越好，法治对社会的稳定发展、国家的有序运行的作用就会越积极。

农业一直是我国的基础产业。我国自然资源部于 2021 年 8 月公布的第三次全国国土调查主要数据公报显示，全国耕地总面积为 12 786.19 万公顷。国家统计局于 2021 年 5 月公布的第七次全国人口普查结果显示，全国总人口为 141 178 万人，居住在城镇的人口为 90 199 万人，占总人口的 63.89%；居住在乡村的人口为 50 979 万人，占总人口的 36.11%。上述各项数据充分说明了“三农”在我国的重要性，且从侧面体现了现代化乡村法治体系所覆盖的治理范围之广。没有现代化的乡村法治体系，乡村法治工作就难以推进。

由于我国乡村基层地区人口密集，法治工作开展长期需要大量的人力、物力、财力的投入，并且受传统以及现实等原因的影响，其落实的综合难度较大。要构建现代化乡村法治体系就必须在乡村加快从人治到法治的转变步伐，构建完善的基层法治体系，处理好乡村基层社会纠纷，打好依法治国的根

① 老子 . 道德经 [M]. 夏华，等，编译 . 沈阳：万卷出版公司，2016：270.

基。在现代化乡村法治体系的构建过程中，乡村基层政府要注意将现代化的法治理念和价值引入乡村法治实践中，在法治实践中把法律法规作为处理事务和化解纠纷的主要依据，使现代化乡村法治体系逐步规范化、制度化、程序化。总之，现代化乡村法治体系的构建是全面依法治国战略在乡村基层的推进和延伸，是坚持全面依法治国、推进法治中国建设的基础和重点所在。

二、乡村社会发展变化的现实需要

法治与人治相比，具有更为明确、稳定、统一、权威等诸多优点，是人们在长期的社会发展过程中探索出来的一种相对合理的社会治理方式，从基本层面来看更有利于人权的保护。过去我国乡村事务的处理缺少正式法律制度的约束，多采取乡村社会中约定俗成的处理方式和受人情世故、习惯、族规等因素影响的调控方式，总之，人治大于法治。随着乡村经济社会结构的改变，乡村经济利益和阶层结构也呈现出多元化趋势，这些改变对乡村人治传统的基础起到了瓦解和消融的作用，也对乡村法治提出了进一步的要求。乡村基层政府必须深刻认识到，随着乡村社会发展变化出现的新情况只有在法治的助力下才能成功解决，乡村基层法治的难题只有通过全面依法治国的推进才能够成功化解。

在乡村法治建设进程中，乡村居民是受益主体，更是主要参与者和建设者①。现代化法治体系的构建需要从乡村居民的根本利益和实际需求出发，来解决乡村居民在法治方面的根本诉求和重点关注问题。

三、乡村实现可持续发展的必然要求

改革开放以来，我国在社会经济、政治、文化、生态等各个方面都取得了重大成就，社会经济快速发展，政治和谐稳定，文化繁荣昌盛。但是，在乡村法治方面，仍然存在一些不足。党的十八大以来，中央加大了对乡村的扶持力度，党的二十大更是提出了全面推进乡村振兴的要求。乡村振兴成为促进我国当前城乡融合发展和城乡要素流动的重大举措。乡村振兴战略的实施不仅需要人力、财力、物力的协同支持，还需要稳定祥和的乡村基层发展环境，需要

① 徐婧．“三治融合”乡村治理体系的“法治”进路 [J]. 华中农业大学学报（社会科学版），2022（1）：53–63.

现代化乡村法治体系强有力的保障和支持。社会主义新农村建设不仅要体现为村民居住条件、生活设施等方面的改善和村民生活水平的提高，还应将重点放在农村治理方式和经济发展方式的创新。

乡村经济发展和乡村法治两者之间是相辅相成、辩证统一的关系。一方面，乡村基层经济的快速发展使广大乡村居民对法治的需求更加迫切，法律能够为乡村人际关系、社会纠纷的处理提供有力依据和标准。另一方面，乡村法治方式能够对乡村地区的经济发展起到促进和推动作用，能够为乡村市场经济的发展提供有力保障。综合来看，现代化乡村法治体系的构建是乡村经济发展的客观要求和现实基础，现代化乡村法治体系的构建又反过来促进了乡村经济的快速发展，是乡村实现可持续发展的必然要求。

四、乡村社会纠纷化解的有力保障

乡村法治建设是全面推进依法治国和实施乡村振兴战略的根基和基础性工作。随着改革开放的深化和不断发展，市场经济体制在乡村社会中生根发芽，原有的乡村社会格局逐渐被打破，并且随着市场经济在乡村的发展，在市场经济客观规律的作用下，乡村的社会纠纷也呈现一定幅度的增长。法治方式是成功解决社会纠纷最有效、最公正的方法，它能够将社会纠纷控制在一定范围内并成功化解，让社会纠纷不至于演变为较为严重的社会问题。与人治相比，法治具有稳定性、可预测性，能够有效保障村民的权益，维护社会的公平公正。现代化乡村法治体系的构建能够消解全面推进乡村振兴过程中有可能出现的各种问题，为社会纠纷的化解提供有力保障，有效均衡乡村发展中的各种利益分配，使乡村基层治理更加规范，进一步提高村民参与乡村基层法治建设的积极性。

法律以其强制力与威慑力展现了对乡村社会新问题的有效约束，具有保障乡村社会治理正常运行和打击违法违规行为的作用，从而成为实现乡村社会治理和稳定的重要途径①。随着城乡融合的不断发展和乡村振兴工作的全面推进，乡村的基层治理情况也不断发生变化，乡村法治工作也应与时俱进，适应不断变化和发展的乡村新形势，构建现代化乡村法治体系，废止或完善不适应乡村法治实际情况的法律法规，及时补充和修订新的乡村法律法规，完善其配

① 徐慧明 . 新时代乡村社会治理创新的法治保障研究 [J]. 农业经济，2022（9）：61-62.

套政策和规章制度，为乡村社会纠纷的化解提供有力保障。

五、乡村法治价值形成的应然之举

党的二十大强调加快建设法治社会，弘扬社会主义法治精神，传承中华优秀传统法律文化，引导全体人民做社会主义法治的忠实崇尚者、自觉遵守者、坚定捍卫者。法治不仅是乡村振兴的重要内容，还是乡村振兴的重要保障。现代化乡村法治体系的构建有助于在乡村振兴战略的实施过程中积极推进法治的普及工作，教广大民众善用法律、崇尚法律，通过加强乡村法治建设为乡村振兴战略的实施保驾护航，推进乡村振兴战略健康、有序开展。法治价值主要体现为维护公民合法权益、化解矛盾双方的对抗与质疑，最终做出正确的裁决[①]。法治具有约束性，同时，法治能够保障广大民众自由、平等、公正的权利，现代化乡村法治体系的构建能增强广大民众对法治的认同感，在乡村基层掀起知法、懂法、守法的热潮，凝聚民众思想共识，推进法治中国建设。

在全面乡村振兴的实施过程中，法治的价值主要体现在保障广大村民的权利、维系乡村秩序、确保社会公平正义，且这三者关系密切、相互作用。现代化乡村法治体系的构建能为乡村打造一套保障安全和稳定的“铠甲”，大大提高广大民众的积极性，促进乡村基层法治建设和全面依法治国工作的开展。总之，现代化乡村法治体系的构建对乡村法治价值的形成具有重要意义，乡村基层政府应充分发挥法治建设的作用和优势，使得全面乡村振兴和全面依法治国能齐头并进，营造健康有序的乡村发展生态环境。

① 邵黎．乡村振兴中的法治价值及构建 [J]. 农村经济与科技，2021，32（10）：293–295.

第三章

“三治融合”概述

第一节 “三治融合”产生的背景

“三治融合”并非突然产生的，其产生具有相应的历史逻辑与具体的实践经过，经过实践检验，最终被写入政策，正式进入大众视野。本书从历史背景、实践背景两个角度对“三治融合”产生的背景进行全面、综合的分析，可以帮助相关研究者对“三治融合”的起源与发展有更加清晰的认识，从而更好地理解“三治融合”的基本内容及其在现代化乡村法治体系构建中的应用价值。

一、“三治融合”的历史背景

（一）村民自治的基础地位由来已久

村民自治模式自产生之日起就一直受到党和政府的重视，党和政府赋予村民各项自治权利，并将基层群众自治制度作为实现基层民主和乡村治理的一项基本政治制度，奠定了村民自治在乡村治理中的基础地位。随着实践的深入，村民自治的这一基础地位逐渐得到强化，如图 3-1 所示。

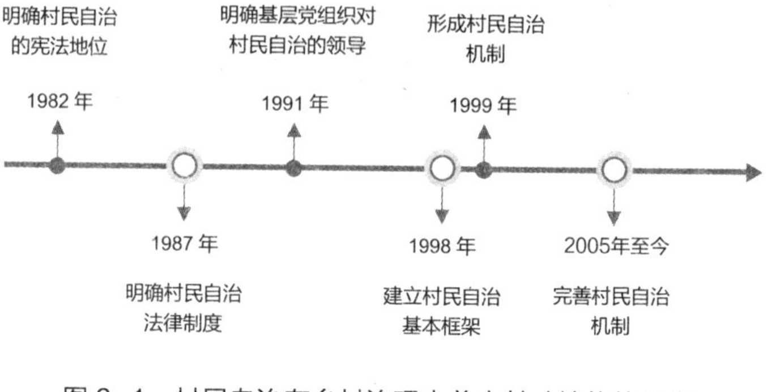

图 3-1 村民自治在乡村治理中奠定基础地位的历史

1. 明确村民自治的宪法地位

1982 年 12 月，第五届全国人民代表大会第五次会议通过新修改的《中华人民共和国宪法》，第一次确认村民自治制度的法律地位，其中明确规定了农村按居民居住地区设立的村民委员会是基层群众性自治组织，确立了村民委员会的法律地位。

2. 明确村民自治法律制度

1987 年 11 月，第六届全国人大常委会第二十三次会议通过《中华人民共和国村民委员会组织法（试行）》，对村民委员会的性质、地位、职责、产生方式、组织机构和工作方式以及村民会议的组织形式和权利等做了全面的规定，从而使村民自治作为一项新型的基层群众自治制度在法律上被正式确立。该法律法规明确指出："村民委员会是村民自我管理、自我教育、自我服务的基层群众性自治组织。"还对村民委员会的组成、职责、运作流程等进行了详细规定。

3. 明确基层党组织对村民自治的领导

1991 年，中共十三届八中全会通过《中共中央关于进一步加强农业和农村工作的决定》，从党的角度出发，明确了基层党组织对村民自治的领导，其中规定："村民委员会要在党支部领导下，依法管好本村事务，完成乡镇政府布置的行政任务，组织村民自我管理、自我教育、自我服务，履行依法应尽的义务。"

4. 建立村民自治基本框架

1998 年，第九届全国人大常委会第五次会议审议通过《中华人民共和国村民委员会组织法》，2010 年，第十一届全国人大常委会第十七次会议对此法进行修订。《中华人民共和国村民委员会组织法》重申了村民委员会的性质，明确规定村民通过村民会议、村民代表会议等行使民主权利，进行民主选举、民主决策、民主管理和民主监督，正式确立了我国村民自治的基本框架。

5. 形成村民自治机制

1999 年，《中国共产党农村基层组织工作条例》发布并实施，明确规定村党支部要领导和推进村级民主选举、民主决策、民主管理、民主监督，支持和保障村民依法开展自治活动；领导村民委员会、村集体经济组织和共青团、妇代会、民兵等群众组织，支持和保证这些组织依照国家法律法规及各自章程充分行使职权。2019 年，中共中央印发了经过修订的《中国共产党农村基层组织工作条例》，文件规定村党组织“领导和推进村级民主选举、民主决策、民主管理、民主监督，推进农村基层协商，支持和保障村民依法开展自治活动。领导村民委员会以及村务监督委员会、村集体经济组织、群团组织和其他经济组织、社会组织，加强指导和规范，支持和保证这些组织依照国家法律法规以及各自章程履行职责”。《中国共产党农村基层组织工作条例》通过法规的方式明确了基层党组织在村民委员会的领导地位，与此同时，包括基层党组织、村民自治组织以及农村社会组织在内的多种自治主体纷纷加入村民自治的行列，从而形成了以基层党组织为领导，以村民为自治主体，多种社会力量共同参与的村民自治机制。

6. 完善村民自治机制

2005—2008 年，中央一号文件均对村民自治机制的完善进行了强调，要求建立健全村党组织领导的充满活力的村民自治机制。党的十七大首次将包括村民自治制度在内的基层群众自治制度写入大会报告，基层群众自治制度被纳入中国特色政治制度范畴。

2010 年，中央一号文件提出因地制宜推广本村重大事项由村党支部提议、支委会和村委会联席会议商议、全村党员大会审议、村民代表会议或村民会议决议，以及决议公开、实施结果公开等工作法，即“四议两公开”工作法。2013 年，中央一号文件提出进一步健全村党组织领导的充满活力的村民自治机制，继续推广“四议两公开”工作法。

2014—2018 年，中央一号文件建议探索并扩大村民自治试点，深化村民自治实践，继续开展以村民小组或自然村为基本单元的村民自治试点工作。

2019 年至今，中央一号文件提出建立健全党组织领导的自治、法治、德治相结合的领导体制和工作机制，加强自治组织规范化、制度化建设，推进村民自治制度化、规范化、程序化，总结推广乡村治理创新性典型案例经验和村民自治组织等参与乡村建设项目的有效做法。

（二）乡村法治的核心地位贯穿始终

1954 年，第一届全国人民代表大会通过了《中华人民共和国宪法》，我国从此走上了探索和实践法治的道路。《中华人民共和国宪法》规定了公民的基本权利与义务，其颁布和实行有利于维护社会秩序、保障群众的人身安全与利益。此后，随着我国快速建设和发展，我国的经济、政治、文化、科技等日益繁荣，我国在法治化社会主义国家的道路上迈出了稳定、坚定的步伐。特别是改革开放以来，我国相继出台了多项政策，为我国乡村法治建设的长远发展提供了源源不断的动力。总之，法治一直是我国乡村治理的核心。

改革开放后，我国乡村法治在涉农法律规范和法治实施方面加大了部署力度，这一历程可大致划分为四个时期，如图 3-2 所示。

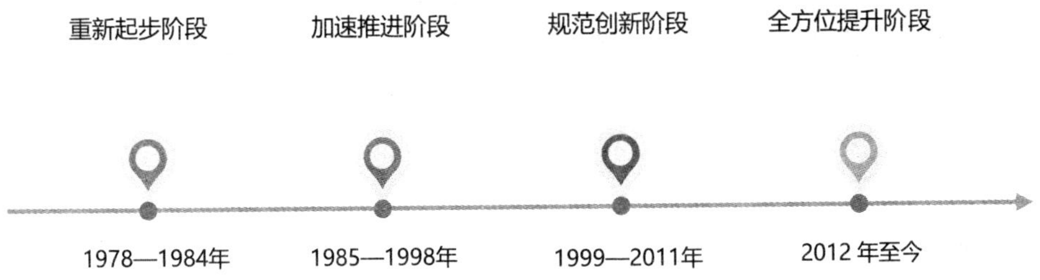

图 3-2　改革开放以来我国乡村法治发展历程

1. 重新起步阶段（1978—1984 年）

我国乡村法治建设步伐曾因各种原因稍显停滞，直到 1978 年，在中共十一届三中全会上，党中央着重提出了“健全社会主义民主，加强社会主义法制”的任务目标，我国法治建设重新起步。

这一阶段，我国涉农法规持续完善。从 1979 年开始，国务院颁布了《兽药管理暂行条例》（已废止）、《水产资源繁殖保护条例》《植物检疫条例》等法规；农业部（现农业农村部）也制定了《全国农作物品种审定试行条例》（已废止）、《新兽药管理暂行办法》（已废止）、《渔业许可证若干问题的暂行规定》（已废止）等规章制度。伴随着以上法规及规范性文件的颁布实施，我国涉农法规建设逐步走上正轨，这对于推进乡村法治具有重要意义，为乡村法治体系构建奠定了基础。

2. 加速推进阶段（1985—1998 年）

伴随着我国涉农法律法规完善步伐的加快和农业执法领域的扩大，我国乡村法治进程也在加速推进。

在法律规范方面，1985 年，第六届全国人大常委会第十一次会议通过了

《中华人民共和国草原法》，这是改革开放以来我国第一部涉农法律。随后几年，全国人大常委会、国务院公布实施了《中华人民共和国农业技术推广法》《中华人民共和国农业法》《中华人民共和国渔业法》《中华人民共和国乡镇企业法》《中华人民共和国植物新品种保护条例》《中华人民共和国动物防疫法》《农药管理条例》等多部农业法律和行政法规，我国涉农法律法规的覆盖范围得到进一步扩大，为乡村治理提供了重要的法律依据。

在法治实施方面，在我国农业行政执法力度不断加强的同时，我国农业执法领域不断扩大，涉及农药、种子、植物检疫、兽药、渔政渔港监督、草原监理、渔船检验等多个领域，其他涉农法治建设也进入加速发展的关键时期。

3. 规范创新阶段（1999—2011 年）

1999 年，“依法治国，建设社会主义法治国家”被正式写入《中华人民共和国宪法》，这表明了我国构建社会主义法治国家的决心。

法治不同于法制。法治保障还包括对执法的保障。就社会影响而言，执法涉及法治环境营造和法治观念普及，要使人心系于制度，风气定于法律，就需要在涉农领域持续推进农业执法体制改革。鉴于此，为了规范并加强农业执法工作，农业部（现农业农村部）在总结各地综合执法经验的基础上，于 1999 年 1 月启动了全国农业综合执法试点工作，对农业执法体制改革进行了探索，对农业执法力量进行了整合。自此，农业执法逐渐从分散向综合转变，农业部门执法地位与形象显著提升，农业执法体制改革实现了突破。

与此同时，涉农法律法规完善工作从以促进农业生产为主转变为以维护生产经营秩序和保障市场主体权益为重点。《中华人民共和国农业法》经过两度修改，在农业生产经营许可、农业生产资料的安全使用和农产品质量监管方面加大了监管力度，农业支持保护制度建设不断加强。这一时期，《中华人民共和国农村土地承包法》《中华人民共和国草原法》《中华人民共和国农民专业合作社法》《中华人民共和国农产品质量安全法》《中华人民共和国种子法》《中华人民共和国农业机械化促进法》《中华人民共和国畜牧法》等法律的制定修订任务完成，规范与推动乡村经济社会发展的基础性法律框架基本建立。

4. 全方位提升阶段（2012 年至今）

2012 年，党的十八大报告明确提出“全面推进依法治国”，为法治中国建设开启了新的篇章。随着乡村改革全面深化，城乡利益格局得到了深刻调整，乡村社会结构发生了深刻的变革，农民思想观念随着时代发生了深刻变化，乡村步入了依法治理新阶段。

2012年，习近平新时代中国特色社会主义思想开始指导乡村法治，涉及乡村重大改革事项和简政放权、放管结合、优化服务（以下简称“放管服”）改革要求的法律法规体系逐渐完善，农业综合行政执法工作进一步改革，综合执法规范化建设力度加大，执法信息化水平有所提高，变季节性和运动式执法为经常性执法、主动式执法，执法效果明显提升。这些是农业农村部门在职能转变过程中的亮点。

2021年3月11日，十三届全国人大四次会议表决通过了《中华人民共和国国民经济和社会发展第十四个五年规划和2035年远景目标纲要》，此文件明确提出“加强社会主义民主法治建设，健全党和国家监督制度”“坚持中国共产党领导、人民当家作主、依法治国有机统一，推进中国特色社会主义政治制度自我完善和发展”。这为乡村法治指明了今后的发展方向。

2022年10月16日，中国共产党第二十次全国代表大会在北京人民大会堂开幕，此次会议报告强调了“坚持全面依法治国，推进法治中国建设”，要求在法治轨道上全面建设社会主义现代化国家，全面推进乡村振兴，坚持农业农村优先发展，扎实推动乡村产业、人才、文化、生态、组织振兴。

（三）乡村德治的先导地位不可动摇

改革开放至今，一方面，党和政府建立、完善了党组织领导的村民自治工作机制，充分发挥村民自治对乡村治理的基础作用，同时坚持依法治国，走乡村法治建设道路；另一方面，党和政府一直强调必须做好乡村思想道德建设工作，充分发挥道德在乡村自治和法治中的先导作用。

1982—1986年，中共中央连续5年发布以“三农”为主题的中央一号文件，这5个中央一号文件作为这一时期党和政府“三农”政策的集中体现，多次提到加强思想政治工作，主要是加强社会主义思想教育，深入开展文明村、文明家庭创建活动，树立社会主义道德风尚，等等。

1996年，中共十四届六中全会通过《中共中央关于加强社会主义精神文明建设若干重要问题的决议》，强调“要以提高农民素质、奔小康和建设社会主义新农村为目标，开展创建文明村镇活动”。

1998年，中共十五届三中全会通过了《中共中央关于农业和农村工作若干重大问题的决定》，强调对农民进行社会公德、职业道德、家庭美德教育。

2000—2003年，中共中央、国务院相继发布《关于做好2000年农业和农村工作的意见》《关于做好2001年农业和农村工作的意见》《关于做好2002年农业和农村工作的意见》《关于做好农业和农村工作的意见》，强调必须加强公民道德教育，着力提高农民群众思想道德素质，提高农村社会文明程度。

2004—2023年，连续20个中央一号文件提出持续深化乡村德治建设。从群众性精神文明创建活动、社会主义荣辱观的教育，到社会主义核心价值观的培育与践行、弘扬优秀传统文化、开展中国梦的宣传教育，再到加强新时代农村精神文明建设、创新农村精神文明建设有效平台载体，德治建设脚步从未停歇、不断深入，德治的不可动摇的先导地位日益凸显，受到了党和国家的高度重视。

（四）自治、法治、德治相互结合演变

从乡村治理的历史沿革来看，自治、法治、德治“三治融合”从来都不是单一存在的，而是多元治理主体和多种治理方式的有机结合。

1982年，我国发布了改革开放后的第一个中央一号文件，现在“中央一号文件”已经成为中共中央、国务院重视农村问题的专有名词，强调“三农”“重中之重”的地位，被称为“三农”领域的“风向标”。中央一号文件在不同的经济阶段和时代背景下各有侧重，从中可以观察到全国农村政策轨迹和改革路径。1982—1986年，国家连续下发了5个中央一号文件，开启了为“三农”保驾护航的第一个阶段。这些中央一号文件谈到农村基层政权建设时大多强调加强法治建设与精神文明建设，这些理念为后来的自治、法治与德治相结合奠定了基础。

1997年，党的十五大报告强调依法治国，同时提出要努力提高全民族思想道德素质、科学文化素质。这其实就包含了法治与德治的结合，对乡村治理具有重要启示。

1998年，党的第十五届中央委员会第三次全体会议通过《中共中央关于农业和农村工作若干重大问题的决定》，强调发展农村基层民主必须贯彻依法治国方略。此处体现了自治与法治相结合的理念。

2000年，中共中央、国务院发布《关于做好2000年农业和农村工作的意见》，其中第八部分以“加强农村基层组织、民主法制和精神文明建设”为题。

这是国家首次将自治、法治和德治并列，体现了三者的有机联系，为后续“三治融合”乡村治理理念的提出做了铺垫。

2005 年，中共中央、国务院发布《关于推进社会主义新农村建设的若干意见》，提出按照“生产发展、生活宽裕、乡风文明、村容整洁、管理民主”的要求，协调推进社会主义新农村建设。这一总体要求是自治、法治、德治三者的统一。

2013 年，中共十八届三中全会通过《中共中央关于全面深化改革若干重大问题的决定》，提出推进国家治理体系与治理能力的现代化，这为乡村治理体系的构建指明了目标与方向。此文件还包括“实现政府治理和社会自我调节、居民自治良性互动。坚持依法治理，加强法治保障，运用法治思维和法治方式化解社会矛盾。坚持综合治理，强化道德约束，规范社会行为，调节利益关系，协调社会关系，解决社会问题”等内容。“居民自治”“依法治理”“道德约束”共同出现在治理体系构建的任务和路径中，充分体现了国家将自治、法治、德治理念进行结合的演进。

2016 年 12 月，习近平在主持中共中央政治局第三十七次集体学习时强调“法律是准绳，任何时候都必须遵循；道德是基石，任何时候都不可忽视”“必须坚持依法治国和以德治国相结合，使法治和德治在国家治理中相互补充、相互促进、相得益彰”。这些理念都充分肯定了法治和德治结合的重要性，为后续“三治融合”理念的正式提出做好了准备。

二、“三治融合”的实践背景

（一）浙江桐乡“三治融合”实践历程

桐乡位于浙江省北部杭嘉湖平原的腹心地带，为浙江省所辖县级市之一，由嘉兴市代管。早在春秋时期，桐乡便因其优越的地理位置成了吴越争战的中心地区。桐乡秦汉时期隶属会稽，隋唐时并入苏州吴县，明清时复归浙江嘉兴府，因此，该地区历史上受到了良渚文化、吴越文化、运河文化等许多地区文化的涵养。改革开放以后，随着国家发展重心的转移和经济建设中心地位的确立，桐乡经济也走上了快速发展之路。历史文化的深厚积淀与经济的迅速崛起一方面给桐乡带来了日益复杂的乡村治理局面，另一方面也为其乡村治理模式的创新提供了可行的现实基础。

2013 年 5 月，浙江桐乡市以高桥镇（现为高桥街道）为试点，探索自治、法治、德治“三治融合”的治理模式。这一模式不仅得到了上级有关部门及当地党委、政府的肯定与支持，还获得了广大基层干部以及普通民众的认可和拥护，取得了良好成效。高桥镇（现为高桥街道）被选为“三治融合”建设试点的理由有以下两点：一是该地区既有高铁，又有高速公路，交通基础良好；二是从现实需求迫切性出发，该地区区位优势明显，发展处于领先地位，但在拆迁和发展的过程中出现了诸多矛盾和问题，当地政府发现只靠自己的力量不可能解决这些问题，唤起民众的参与热情势在必行。只有实现了人民群众与乡镇政府之间的平等对话与协商，才能在利益表达和利益整合的基础上，提高人民群众的满意度和对当地政府的认可度，进而提高治理绩效。因此，当地政府亟须创新治理模式。

2013 年 9 月，桐乡市委、市政府印发《关于推进社会管理“德治、法治、自治”建设的实施意见》，该文件明确将“三治融合”建设的总目标设定为促进社会管理方式由防范控制向服务与管理并重、有序与活力统一的多元治理转变。在此文件的指导下，全市 211 个村（社区）逐步构建起“一约两会三团”的治理载体，即依靠村规民约、百姓议事会、乡贤参事会、百事服务团、法律服务团、道德评判团等来进行乡村事务管理，努力形成“大事一起干、好坏大家判、事事有人管”的新型基层社会治理格局。

2014 年后，在高校试点的基础上，桐乡市政府根据全市的实际情况，出台了《中共桐乡市委关于推进社会管理“德治、法治、自治”建设的实施意见》和《桐乡市推进社会管理“德治、法治、自治”建设工作方案》，意在全市全面部署“三治融合”建设，包括指导思想、目标任务、工作内容等，强调构建形成“以评立德、以文养德、以规促德”的德治建设体系，“严格执法、公正司法、全民守法”的法治建设体系，以及“自我管理，自我服务，自我监督”的自治建设体系，并实现三者的协同统一，最终形成“党委领导、政府负责、社会协同、公众参与、法治保障”的社会治理新格局，将“三治融合”模式在其他乡镇和街道逐渐铺开，为地方社会经济发展提供有力支撑。

2015 年 6 月，桐乡市委、市政府办公室印发《关于进一步健全完善“三治”建设长效机制的实施意见》，将“构建既充满活力又和谐有序的社会发展环境”作为“三治融合”建设的新目标。

2017 年以后，桐乡市进一步以实现县域整体有效治理为目标，有效提升了区域整体治理水平，构建了“三治融合”的整体布局。

自此，“三治融合”在浙江桐乡的实践取得了初步建设成果，受到了多方的关注与肯定。

（二）浙江桐乡“三治融合”实践成果

2013—2017年，桐乡各地以“三治融合”治理体系为支撑进行探索和实践，使得大量集体事务得到解决，居民法治意识得到提高，社会正气得以弘扬。2018年9月，在浙江桐乡举行的第二届“推进自治法治德治融合建设 创新基层社会治理”高峰论坛上，浙江大学教授郁建兴公开表示：“桐乡让自治、法治、德治相融合，提高了基层社会治理的质量和效率。”①他还指出，2013年，桐乡发生劳资纠纷101起，分管领导的精力多放在调解纠纷上，但“三治融合”实施后，99%以上的劳资纠纷都实现了在行业协会内部就地解决；2017年，桐乡下辖的176个行政村中，实现连续五年“零上访”“零诉讼”“零矛盾上交”的村的数量占比达61%；通过规范村规民约，在桐乡，红白喜事大操大办现象明显受到了遏制；通过道德教化、发挥榜样的力量、宣传新乡贤文化、提倡志愿服务等方式，桐乡村民的文明素质有了很大提高。②

浙江桐乡在“三治融合”实践中取得了显著成效，高桥街道越丰村就是高桥“三治融合”实践的典型样本之一。越丰村地处桐乡市南部，沪杭高速和高铁贯穿而过，地理位置优越。该村结合党的群众路线开展“三治融合”建设工作，下大力气抓好基层党组织建设，加强社会管理，进一步深化以“自治、法治、德治”为主题的“三治”建设，打造学习型、团结型、服务型“三型”基层班子，推进党课课堂、文化礼堂、道德讲堂“三堂”党员教育管理，达到了推动经济发展、实现民生事业发展、带动乡风文明建设的目标，形成了良好的工作局面。

与此同时，在实践过程中，越丰村依托道德评判团、百事服务团和百姓参政团这三个载体，切实解决了各种社会矛盾，基层社会治理模式不断创新。下面以高铁站对面越丰村新村集聚点发生的事为例，介绍越丰村的建设成果。

① 丁宝秀．浙大公管学院郁建兴：“三治”为社会有效治理破题[EB/OL].（2018-09-21）[2023-12-22]. https://www.chinanews.com.cn/gn/2018/09-21/8633655.shtml.

② 郁建兴．基层社会治理：推动自治、法治、德治融合[EB/OL].（2018-08-31）[2023-12-22]. http://www.tx.gov.cn/art/2018/8/31/art_1631358_30696833.html.

该集聚点有两百余户居民聚集，虽然统一搬到了小别墅，但由于还保留着种菜的生活习惯，部分人把蔬菜种到了村里新修的绿化带上。在村里人上门沟通效果不佳的情况下，经由道德评判团的评判，相关人员很快认识到了自己的错误，并主动改正过来。这种处理方式的效果比村里以往指令式的要求明显好很多。此外，该村还开展了十佳“五有市民”和十佳“四好家庭”评选活动，邀请道德评判团参与评议，把百姓公认的“最美越丰人”评选出来。在种种治理机制和手段的支持下，越丰村的风气越来越好，村民的道德素质得到了提高，全村的精神文明建设水平也得到了提升。在村党支部委员会、村民委员会（以下简称村“两委”）的共同努力下，在全体村民的积极支持下，越丰村先后获得省级培育示范中心村、省级民主法治村、省级卫生村、嘉兴市慈善村、桐乡市先进基层党组织等荣誉称号，得到了多方肯定。

（三）浙江桐乡“三治融合”实践经验

浙江桐乡“三治融合”建设工作的原发式主动创新明显区别于以往的现实倒逼式创新，是地方政府创新走向自觉自为的代表，并获得了一定的成功实践经验，如图 3-3 所示。

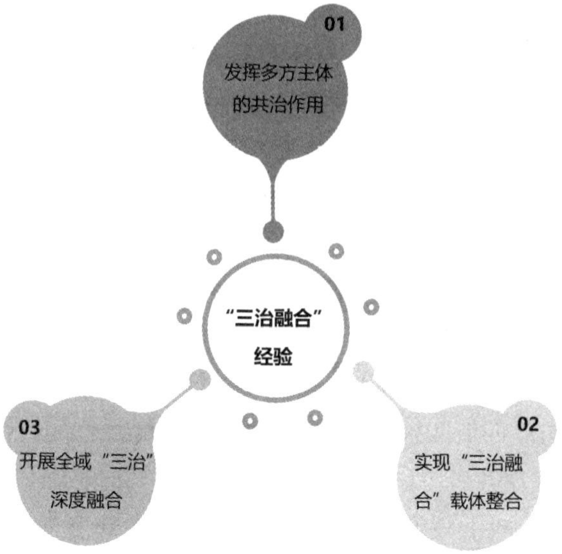

图 3-3　浙江桐乡“三治融合”实践经验

1. 发挥多方主体的共治作用

浙江桐乡“三治融合”工作的开展有效地发挥了党和政府、社会组织、人民群众多方主体参与社会治理的协同作用，这是浙江桐乡“三治融合”实践经验的要点之一。

从党和政府的角度来看，早在2013年，桐乡便率先创立了“依法行政指数”，把镇（街道）和行政执法部门的具体行政行为细化为45个计分指标，结合群众满意度测评情况，按年度公示排名，倒逼相关部门依法行政。同时，桐乡通过设立法律顾问制度，增强了相关部门的依法决策能力和依法行政水平。在普法活动方面，桐乡政府利用文化礼堂、红色驿站等阵地，开展“法律十进”、社会主义核心价值观教育等宣传活动，全面提升居民法治意识与道德文明水平。

从社会组织角度来看，桐乡整合法学专家、律师、政法干警及其他法律工作者，在全市建成了上百个覆盖市、镇、村三级的法律服务团，桐乡的基本公共法律服务体系已初步形成，涵盖城乡大部分区域，为进一步健全完善乡村治理体系提供了服务保障。同时，桐乡积极鼓励社会力量介入普法教育，充分发挥社会组织在社会面和专业性方面的优势，大力开展社区、社会组织建设和社工“三社联动”，提高社团、商会、行业协会和其他组织的自我管理、自我教育、自我服务的能力，推动政府向社会组织和社会力量购买服务。

从群众角度来看，桐乡着力推进自治职能的归位，发挥村干部、党员、三小组（党小组、村民小组、农村妇女小组）组长等的“微治理”功能，引导基层群众在基层事务的决策、管理、监督等工作中有序参与，加强对村级财务、资产及公益事业经费使用的监管。其中桐乡比较典型的做法就是打造了“乌镇管家”这样一个群防群治品牌，让广大群众当好大管家，做当家人。“乌镇管家”的优势在于人熟、地熟、情况熟，能做到“四清四报”。“四清”指人口清、户数清、物品清、问题清，“四报”指报违法、报可疑、报隐患、报动向。全民参与“四清四报”管理，就形成了社会信息无盲区、网格监督全覆盖的治理局面。现在，“乌镇管家”还嫁接到了党员先锋站，“先锋站＋管家站”“线下收集＋线上传递”“集中受理＋分级交办”等多种途径使“乌镇管家”有了阵地，有了平台，能够充分发挥民智民力，开创一个公共安全人人有责、人人尽责的村民自治新局面。

2.实现“三治融合”载体整合

桐乡的经验证明，进行“三治融合”应整合“三治”载体，形成以“一约两会三团”为核心的创新载体，协同做好基层治理工作。

此处“一约两会三团”中的“一约”是村规民约的简称。村规民约是指村民为维护本区域内的社会秩序、保障居民生活质量和社会稳定而制定并实施的行为规范。村民参与村规民约的制定和监管，可以通过“村言村语”约定行为规范，倡导文明新风，再将物质奖惩与道德约束相结合作为“一约”落实的保证，这样就能取得更好的治理效果。比如，桐乡市崇福镇提倡每个村都将文明餐桌写入村规民约，党员干部率先在文明餐桌承诺书上签了字，在潜移默化中引导村民养成厉行节约的习惯，厉行节约的风气在村中形成。

此处“一约两会三团”中的“两会”是百姓议事会、乡贤参事会的简称。村党组织书记担任百姓议事会的召集人，村党组织书记或村委会主任担任乡贤参事会的秘书长。“两会”采用专题会议、个别访谈等各种形式，发挥各方面人才的感召力，解决、协调村内事务，帮助做群众工作，在乡村事务中做到了民事民议、民事民办、民事民管。例如，在火炉浜环境整治和改造过程中，桐乡市屠甸镇荣星村乡贤魏建华不仅带头出资，还主动挨家挨户上门给村民做思想工作，带领村民一起通过自治方式决定改造方案，彻底改变了火炉浜的整体面貌。如今，火炉浜已经成为屠甸镇乃至全市乡村治理的典范，荣星村也成为周边村（社区）学习的样板。可以说，在火炉浜建设推进过程中，乡贤和村民发挥了重要作用，这就是百姓议事会和乡贤参事会的力量。

此处“一约两会三团”中的“三团”指百事服务团、法律服务团和道德评判团。“三治融合”最大的生命力就在于将自治、法治、德治形成的合力凝聚了起来，使它们共同构成了社会善治的“三脚架”。这既是一个理论命题又是一种实践模式，需要通过多种途径加以实现。“三团”恰恰是“三治融合”最直接的载体。

在乡村，广大村民群众总会遇到一些大大小小的生活问题，如家里水管破了，门前的围墙要砌筑，房前屋后的环境规划，等等。这些生活中的琐事要想得到及时解决并非易事。因此，百事服务团就成了解决村民燃眉之急的首选。百事服务团可以充分调动村民积极性，让村民利用自身专长搭建起便民利民的平台，形成“事事有人管”的互助格局。

“小事不出村，大事不出镇，矛盾不上交”，在创新基层社会治理过程中，乡村基层政府需要将矛盾在基层解决，在萌芽时处理。要实现这一目标，离不开一支高素质专业化的乡村公共法律服务队伍。为此，桐乡共成立了上百个市、镇、村三级法律服务团，为乡村提供法治教育、法律援助。各法律服务团都由法律工作者构成，注重强化基层法治宣传、法治文化宣传和法律服务等，促进各级政府及基层组织依法决策、依法行政。

在乡村社会生活中，总有些法律法规和村规民约难以覆盖的区域，事虽小，但影响着人的价值判断与选择，于是道德评判团就有了发挥作用的空间。道德评判团由村内有声望、品德高尚的村民组成，负责评判村内事项，加强道德引领，营造“好坏大家判”的民间氛围，将事情的是非对错交给公众舆论来判断，发挥道德评议、社会舆论等方面的作用，让百姓自己教育自己、自己规范自己、自己管理自己。

3. 开展全域“三治”深度融合

浙江桐乡注重先行先试的经验积累，并在此基础上继续深化“三治融合”在全域的实践探索。

从治理区域来看，浙江桐乡“三治融合”建设是从示范试点向全市区域治理纵深推进的。具体来说，“三治融合”先在桐乡高桥镇试行，再扩大到桐乡全部街道、镇，最后以“桐乡经验”的形式在全省范围内推广。这种试点先行、以点带面、全面铺开的工作思路助推着“三治融合”由治理模式向运行机制，再向基本保障制度体系纵深推进，使基层治理创新工作得以常态、持久进行。

从治理领域来看，浙江桐乡“三治融合”建设工作是从重点治理逐渐走向全面治理的。“三治融合”建设之初，桐乡的工作重点是满足社会转型期基层维稳的需求。随着时代发展和实践推进，“三治融合”逐渐成为一种全新的理念和方法，并被广泛运用于基层社会治理的各个领域，最终在当地形成一种文化氛围，实现了“三治融合”的长期治理目标。目前，“三治融合”在当地已成为一种常态化工作模式和长效机制。总之，“三治融合”建设并非立竿见影，而是需要各方长久的努力，需要将“三治融合”的理念融入人文风尚之中，因此桐乡最终才能塑造富有桐乡特色、辨识度高的文化内核，取得“三治融合”的卓越成果。

从治理层次来看，浙江桐乡“三治融合”建设已经从实践探索转向理论研究。在实践开展过程中，“三治融合”理念逐渐深入人心。桐乡在创新实践的基础上，与有关方面的专家、学者进行常态化的联系和交流，主动举办全国基层治理高峰论坛来推动“三治融合”理论研究不断深入，形成了具有当地特色的“三治融合”模式。桐乡“三治融合”实践的成功并非在于创造发明了新的治理要素，而是在于桐乡尽可能多地探索并将自治、法治、德治纳入了自身治理体系中。这种探索过程不仅具有鲜明的时代特色，还形成了一些行之有效的机制和做法，为我国基层治理提供了许多可借鉴的有益经验。故在理论上，“桐乡经验”之所以能够取得成功，除了是因为机制的创新，更多是因为治理理念的创新，且桐乡以治理的有效性验证了该理念的正确性，这是“三治融合”理论研究所追求的意义所在。

第二节　“三治融合”的相关内容

在上述背景下，“三治融合”经过一段时间的实践，于 2017 年正式出现在国家的政策文件中，开始向全国推广。乡村基层政府要将“三治融合”融入乡村法治体系，就必须在充分了解其内涵的基础上，把握自治、法治、德治之间的关系，明确“三治融合”的主体与规范，以便构建出更具逻辑性与实践性的现代化乡村法治体系。

一、“三治融合”的正式提出

在浙江桐乡“三治融合”治理实践获得中央认可的背景下，2017 年 6 月，《中共中央 国务院关于加强和完善城乡社区治理的意见》发布，提出“充分发挥自治章程、村规民约、居民公约在城乡社区治理中的积极作用，弘扬公序良俗，促进法治、德治、自治有机融合”。我国乡村地区“三治融合”乡村治理改革的序幕自此正式拉开。2017 年 10 月，党的十九大报告又提出要加强农村基层基础工作，健全自治、法治、德治相结合的乡村治理体系。于是，各地纷纷掀起了以乡村建设为代表的基层社会治理改革浪潮，“三治融合”已成为乡村治理的热议话题之一。国家也适时地对“三治融合”乡村治理体系构建进行了相关的政策引导，如 2018 年 9 月《乡村振兴战略规划（2018—2022 年）》

规定："坚持自治为基、法治为本、德治为先，健全和创新村党组织领导的充满活力的村民自治机制，强化法律权威地位，以德治滋养法治、涵养自治，让德治贯穿乡村治理全过程。"

以"三治融合"为核心的系列政策文件频发反映了党和国家对"三治融合"治理思想的高度肯定。"三治"提法次序曾有不同，但自党的十九大报告以来，不管是讲体系、体制还是机制，顺序都是自治、法治、德治。这一描述方式符合以人民为中心与全面依法治国的思想，更契合我国当下乡村社会实际和基层政府工作重心转移的现实需求。由此，自治、法治、德治相结合就成了中央治理乡村的根本方式。这种由具体实践向理论的跨越既是新时代推进国家治理现代化发展的内在需要，又是解决乡村治理难题的必然选择。无论是从国家发展目标、乡村未来发展趋势，还是从政府在基层实践中的角色来看，乡村治理的关键都是将城乡置于一个命运共同体中，以一套逻辑、一套话语来解释国家的发展，以一套行动引导城乡协同进步，实现城乡一体化。

二、"三治融合"的内涵

本书从以下几个方面入手来介绍"三治融合"的内涵。

首先，从中央文件中的提法入手。如前所述，"三治"就是自治、法治、德治相结合的乡村治理体系、治理体制、治理机制，其实现途径是"党委领导、政府负责、社会协同、公众参与、法治保障"。

其次，从学术界入手。目前学术界多将"三治融合"作为一项中央的方针政策来思考其在实际工作中的推进方式，并未在制度设计和理念层面上对"三治融合"有清晰的认识，这就易导致其研究方向存在局限性，对综合性治理方式的研究较少。尽管有些研究从村规民约、习惯法视角讨论过基层治理如何将法治与德治融合在一起，如崔文博肯定了"德法兼济"对乡村治理的理论价值①。但从总体上看，把"三治"当作一个完整、独立的系统来具体阐明"三治融合"治理体系本质与内涵的研究并不多见。学术界关于"三治融合"的研究多是从治理理念、治理制度和治理实践三方面展开的。例如，在治理理念方面，"三治融合"属于总体性治理、全观型治理、多元化治理，拥有政府、社会、人民共享、共治的内涵。郎友兴认为，总体性治理方式是一种着眼于农

① 崔文博."德法兼济"视域下的中国乡村治理研究 [D]. 成都：中共四川省委党校，2018.

村发展与农民生活的运行模式，与以往主要针对政府自身优化的治理方式不同[①]。李亚冬认为，在治理制度方面，“三治融合”治理体系与以往通过短期政策来实现碎片化治理不同，也和运动式的治理方式不同，其具有一定的规范性、程序性和稳定性[②]。“三治融合”治理体系的价值取向在于实现乡村社会和谐稳定发展。在治理实践方面，“三治融合”是政府通过治理手段，动员村民主动参与共治的治理方式，浸润民众生活的各个方面。

最后，通过对以上政策文件内涵与学术界研究内涵的总结，本书归纳出“三治融合”的以下三点内涵：“三治融合”指自治、法治、德治相结合的治理理念；“三治融合”治理理念可用于构建乡村治理体系，能够维护乡村社会和谐稳定、推进乡村发展进程；“三治融合”乡村治理体系具有主体多元性、规范性等特征。

因此，“三治融合”乡村治理体系就是基于自治、法治、德治相结合的治理理念而构建的一个多元主体参与的规范化乡村治理体系，旨在维护乡村社会和谐稳定、推进乡村发展进程。

三、“三治”之间的关系

“三治融合”包含了自治、法治、德治三大治理要素，三者之间的关系一直是相关研究的重点。2018 年 9 月，中共中央、国务院印发的《乡村振兴战略规划（2018—2022 年）》明确表示“坚持自治为基、法治为本、德治为先”。由此可知，三者之间相辅相成、三位一体，如图 3-4 所示。

① 郎友兴 . 走向总体性治理：村政的现状与乡村治理的走向 [J]. 华中师范大学学报（人文社会科学版），2015，54（2）：11-19.

② 李亚冬 . 新时代“三治融合”乡村治理体系研究回顾与期待 [J]. 学术交流，2018（12）：79-86.

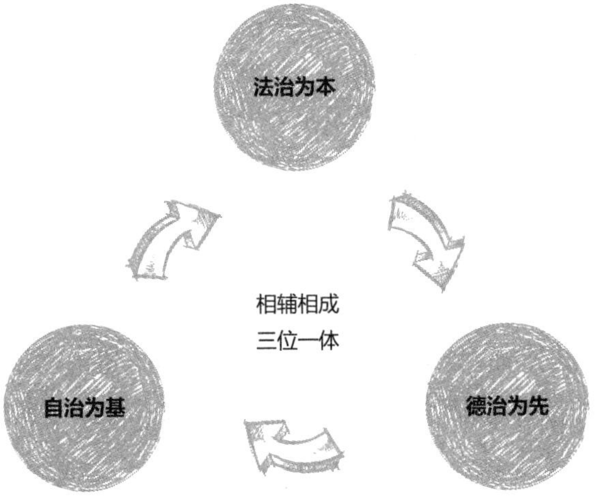

图 3-4 “三治”之间的关系

（一）自治为基、法治为本、德治为先

1. 自治为基

改革开放后，我国发展活力得到了全面释放，基层乡村治理这一广阔天地也已悄然开启。发端于我国乡村民主实践的基层群众自治制度既传承了我国基层自治的历史传统，又满足了改革开放浪潮下基层乡村社会对善治的实际要求，成为我国的一项基本政治制度。

乡村社会善治实现既有赖于国家的制度供给和资源输入，又需依靠乡村社会本身具备的秩序生产能力，这种内生秩序生产能力是乡村治理的社会基础。从某种意义上说，乡村治理就是以乡村自治为基础而展开的一系列互动与博弈的过程。从内生秩序生产能力的理论逻辑来看，乡村治理的自治实践是发端于亿万农民身上的内生动力与首创精神，不仅有利于重建乡村社会秩序，还可以促进基层社会变迁规模扩大、速度加快、方向更准确、效果更显著，已成为我国改革开放四十余年基层发展与改革最为显著的标志之一。

总之，自治作为一种自下而上的力量，其生成与发展离不开乡村居民的自主参与和自我组织，而这一过程体现为村民自治实践。深入推进村民自治实践是确保广大农民当家作主的根本形式和生动范例，对乡村治理具有基础性作用。自治为基强调的是国家与民众之间的良性互动以及国家权力对民间力量的有效引导、控制和协调。自治为基确保了乡村共同体的运作和共同体精神的维系，继承并发扬了乡村的独特价值、多元化功能以及优秀传统文化。自治为基还体现了农民在乡村治理中的主体地位和对国家利益的自觉维护。乡村基层政府应坚持人民至上的理念，引领乡村治理良性互动，并通过自治制度和规则将这种理念贯彻民主选举、民主决策、民主管理、民主监督的乡村治理活动之中，有效促进乡村社会的和谐稳定。

2. 法治为本

乡村基层政府应以依法治理来达到善治的目的。法治是人类文明社会不可缺少的一种发展力量。在现代治理环境下，法治得到了更多自治和德治的滋养，三者并肩前行，成为推动国家治理体系和治理能力现代化的重要力量。

法治是以民主为思想基础构建起来的一种社会控制机制，为人们的行为方式提供了一个基本框架，大到国家政体，小到个人言行，都需要在法治的框架中运行，民主也在其中得以实现。从某种意义上说，农村的基层民主选举、乡镇的权力运行以及乡镇政府的运作都离不开法治。在我国乡村治理体系中，法治这一概念具有广泛性，包括国家法律、村规民约等一整套制度体系，坚持法治为本就是在村民自治基础上透过广义的法治理念构建起乡村社会的秩序，为人民当家作主提供根本制度供给与政治支持。因此，法治为本具体体现在以下三个方面。

首先，不断增长的法治需求已经成为当代法治社会的重要表征。我国经济社会发展已进入新时期，法治的功能性价值与依法治国理念在乡村治理领域中也实现了充分嵌入，从方方面面彰显出法律在维护农民权益、规范市场运作、支持农业保护、治理生态环境、化解乡村社会矛盾等方面的权威地位。因此，“三治融合”以法治为本，必须重视并发挥法治在乡村社会建设和发展中的保障与规范作用。这是乡村社会发展的内在需要，更是对法治社会的外在强化。从这个意义上说，法治在“三治融合”乡村治理体系中发挥着核心主导作用。

其次，法治为本所诠释的法治理念能够得到乡村社会主体的认同与遵循。在过去的乡村治理中，村规民约作为一种非正式制度，具有很强的约束力，它通过设置日常生活的行为规范来约束个体行为。随着现代化进程不断推进，乡村与外部的交流活动增多，乡村社会生产活动与社会交往不可避免地会受到外部其他乡村或城市社会的普遍性规定、规范和法治意识的影响。而建立统一的法治体系有利于指导各地村民尊法、学法、守法、用法，共同维护乡村社会共同体，化解各地村规民约不同导致的冲突和矛盾，从而助力乡村地区现代化建设，加强乡村地区与外部的交流，所以，法治理念能得到乡村社会主体的普遍认同与遵循。

最后，法治为本体现在法治在乡村治理体系中的工具意义。法律是一种具有强制力的约束工具，它通过对社会关系的约束来实现社会利益最大化，并为人们所普遍接受。在乡村社会领域，大部分事务属于个体自律、社会自主调节、市场调节的范畴，大多由道德、伦理、习惯等社会规范加以协调，只有其他方式无法调和时法治系统才会介入，这就意味着法律是解决纠纷的最后途径。因此，以法治为核心的乡村治理体系保障着乡村治理的规范和有序。在这一层面上，法治的工具性意义指向了乡村治理领域中的实践问题，当其他调解方式无法解决问题时，法治终于登场，扮演着终结者、捍卫者的角色，成为处理乡村实务的最后途径，其重要性和核心地位不言而喻。

3. 德治为先

道德规范在中国传统乡村社会的有序运作中具有先导作用。纵观我国历史，以德治国这一传统深深地铭刻于每个中国人的心中，成了大家共有的价值理念与思想观念。改革开放后，随着农村改革不断深化和社会主义新农村建设稳步推进，我国基层社会呈现许多新情况、新动向、新变化。在不可阻挡的市场经济与现代化进程趋势的影响下，乡村治理的传统模式显然不再适用，需要构建新型的乡村治理体系。但无论如何创新，德治都是乡村治理的重要理念之一。若以乡村自治为骨骼、乡村法治为心脏，那么，德治则是运转于乡村社会治理身体中的血液，以多样化的方式滋润着每个村民的内心准则，塑造着乡村运行的思想规范，维系着乡村社会共同体。

德治为先意在说明德治对我国乡村治理体系的引领作用。乡村治理是国家治理体系和治理水平的重要体现，其目标是构建“党委领导、政府负责、社会协同、公众参与、法治保障”的社会主义新农村建设新格局。有效的乡村治理格局呼唤自治、法治与德治三方面共同推进。在这三方面中，德治是乡村自治和法治得以实现的重要途径。

一方面，道德对乡村社会教化具有很强的引导作用。思想引领行为，认识是行动的力量。乡村既然要在新时期参与市场经济中的生产分工活动，主动融入生产体系，就必须有能够适应新时代的需要的道德文明素养。因此，要想使乡村地区经济发展、文化繁荣，乡村基层政府就必须重视对乡村居民的道德教育，注重提升乡村居民的思想素质，激发其道德自觉的力量，潜移默化地通过道德教化使其形成一种凝聚力强、引导力强的新时代道德精神。

另一方面，道德激励和约束机制的建立有利于乡村居民实现自我管理、自我教育、自我服务与自我提高，实现乡村社会的和谐和睦。具体而言，乡村基层政府通过开展文明行动、表彰活动、典型事迹和其他宣传教育，可以弘扬真、善、美，引导村民自觉追求更加美好的事物和精神，实现自我提高，积极参与乡村自治；而采取专项行动、约束机制和惩戒规制等措施可以抵制假、恶、丑，让村民自觉提高道德标准，实现自我管理，不突破法律底线。因此，对乡村社会中独特的文化资源、道德文明、风俗习惯及其他非正式的制度性规范进行充分发掘与继承，使之同乡村治理现代化需求相呼应，可以充分发挥德治的先导作用，从而为乡村治理实践、乡村振兴战略的实施提供强大助力。

（二）“三治”相辅相成、三位一体

在自治为基、法治为本、德治为先的基础上，学术界多数学者都认为“三治”是一个和谐的整体，相辅相成、三位一体。至于具体怎样相辅相成，有以下两种观点。

第一种观点是平行并列式。这种观点没有特别强调“三治”中的某个元素，而是从广义上讲，认为三者缺一不可、紧密联系。例如，陈荣文以完善乡村治理体系为切入点，在实现善治的视角下强调“三治”相辅相成，将“三治”之间的关系概括为“自治是健全乡村治理体系的核心内容”“法治是健全乡村治理体系的应有之义”“德治是健全乡村治理体系的情感支撑”①。

第二种观点是一体两翼式。其中一部分观点强调了自治对于乡村治理的重要性，意在盘活乡村力量。例如，何阳、孙萍认为“三治”之间的关系不是平行并列的，而是一体两翼的，在“三治融合”乡村治理体系构建中，自治是主要内容，法治保障底线，德治则是辅助工具②。陈涛、李华胤认为自治、法治和德治之间构成了一个“三治融合”的“箱式治理”结构，最优的治理方案

① 陈荣文．健全自治、法治、德治相结合的乡村治理体系 [N]. 福建日报，2017-11-27（9）.

② 何阳，孙萍．“三治融合”乡村治理体系建设的逻辑理路 [J]. 西南民族大学学报（人文社科版），2018，39（6）：205-210.

是德法均衡型自治，同时以京山市为例，进行了实践层面的分析[①]。另外还有一部分观点强调了法治对于乡村治理的重要性，意在将法治作为“三治融合”的核心，如徐婧将“法治”作为“三治”的中坚力量，认为其在乡村治理的“自治”与“德治”之间起到了承上启下的作用，不管是“自治”还是“德治”，都应当在“法治”的框架下进行[②]。

总而言之，要想厘清“三治”之间的关系，就需要深入认识乡村治理“三治”的内涵。前面提到，乡村治理就是“治理”在乡村社会这一领域的运用，指对乡村区域内社会公共事务进行治理，从而满足乡村居民的公共需求。因此，“三治”之间无论如何配合都必须服务于乡村治理的目标，形成一个相互关联又相互影响的整体。无论在理论上，还是在实践上，“三治”都不是各自拥有明确界限的独立元素。从本质上看，“三治”之间既相互联系又相互作用，它们共同构成了一个整体。

本书认为，法治仍然是乡村治理的核心，也是最后的底线与保障，与一体两翼式观点中强调法治在乡村治理中占有重要地位的部分不谋而合。一方面，村民自治制度本身就得到了法律的认可，我国现行社会自治就是以宪法与法律为框架开展的，村规民约、社会组织章程、行业标准、商业惯例以及其他民间规范都受法律约束；另一方面，德治需要法治为其保驾护航。具体而言，德与法是专为引导人的行为、调节社会关系而制定的两种行为规范，各自都有其适用范围与作用力度。但是德治依赖于法律对超出道德规范范围的不良行为设定底线，制止人的行为超越界限。当道德不能有效地规制人的行为、失去约束力时，法律就必须介入其中。因此，立法者必须出台法律法规，清楚地规定底线。执法者则要根据法律法规制止不良社会行为并对行为人予以惩罚，从而维护良好的公共秩序与社会公共利益。这充分说明了德治需要法治为其规定底线，为其保驾护航。“三治”以自治为基、法治为本、德治为先，共同构成一个相辅相成、三位一体的乡村治理体系。

---

① 陈涛，李华胤．“箱式治理”：自治、法治与德治的作用边界与实践效应：以湖北省京山市乡村振兴探索为例 [J]. 探索，2019（5）：107–115.

② 徐婧．“三治融合”乡村治理体系的“法治”进路 [J]. 华中农业大学学报（社会科学版），2022（1）：53–63.

四、“三治融合”的主体与规范

“三治融合”可以按治理要素划分为主体和规范两个方面的内容。在乡村治理中，主体是主导力量，规范是治理依据。“三治融合”倡导多元主体、多元规范协同运行，保障乡村治理有效运转。

（一）“三治融合”的主体

与传统政府控制型的单一治理主体模式不同，“三治融合”是多元主体共同参与的治理模式，由自治主体、法治主体、德治主体及其他主体构成，如图3-5所示。

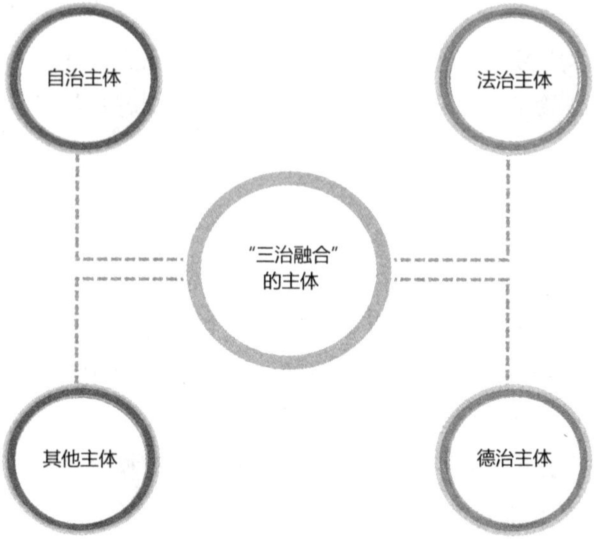

图3-5 “三治融合”的主体

1. 自治主体

“三治融合”中的自治主体包括村委会、村民小组、互助会、乡贤理事会、红白理事会及其他基层群众性自治组织，它们依靠自治规范展开管理。自治主体以自我管理功能服务乡村社会，为法治、德治打好基础。自治是基层民主中最广泛、最具深远意义的活动，是激发基层治理活力的关键。自治主体来自乡村群众，深得村民的信任，是“为了农民”和“依靠农民”紧密结合的代表。自治主体的设立使得在大力发展乡村产业、开展乡村建设行动、促进城乡融合发展等方面能真正实现问需于民与问计于民。在众多自治主体中，村民小组是具有一定独立性的实体治理单位，治理能力相对较强，在“三治融合”的实际建设中，乡村基层政府可对村民小组的治理能力进行重点挖掘[①]。

2. 法治主体

法治主体包括以派出法庭为代表的司法主体和法律服务主体，它们依靠法治规范展开管理。法治主体在维护乡村社会治安方面责任重大，直接关系到乡村居民生活的安全感和满意度。在这些法治主体中，人民法庭促进乡村法治建设，在解决矛盾的过程中，重视尊重地方风俗习惯，灵活运用各种审判方式。乡土法杰对贯彻国家法、发扬习惯法、重建社会秩序以及文化传承具有很大作用。法院促进乡村法治建设时要重视乡土法杰作为法治主体对乡村治理的价值[②]。公共法律服务组织要服务乡村法治建设，就要先建立一支高素质、专业化、职业化、高效率的服务团队，加强普法活动开展，按需提供恰当的法律服务。

3. 德治主体

德治主体由新乡贤、乡村精英及其组建而成的道德评判团等组成，它们依靠道德规范展开管理。德治是建立在社会主义核心价值观基础上的，德治主体通过其道德教化的功能，强化乡村社会公德、家庭美德、个人品德等建设，引导乡村居民崇德向善、见贤思齐。在这些德治主体中，新乡贤是德治体系中的重要力量之一，其可以以身作则、以贤传德，发挥榜样的带动作用和乡贤道德的感召力量，深入推进社会主义核心价值观的培育和弘扬工作，不断促进乡村精神文明发展。乡村精英加入德治主体有助于重新构建基层的道德教化机制，使德治更好发挥作用；能够增强德治主体间的协调作用、培育乡村内源治理能力、完善基层治理体系。道德评判团以提高群众的道德素质，强化道德约束机制为“着力点”，在基层党组织的领导下，对法律法规管不到、村规民约不易约束的各种居民行为进行评判，助力“好坏大家判、事事有人管”的良好

① 田先红．村民小组治理：传统与变迁：基于成都平原 W 村的案例研究 [J]. 中国法律评论，2018（4）：82–88.

② 王丽惠．乡村建设中的“乡土法杰”角色与功能分析 [J]. 贵州大学学报（社会科学版），2019，37（4）：106–113.

局面的形成，不仅能解决老百姓的急难愁盼，还能实现民主参与和民主决策，为乡村社会发展营造良好的道德环境。

4. 其他主体

除自治、法治、德治三大主体外，还有一些主体，如非政府组织、律师事务所等，它们通过参与自治、法治、德治，在乡村治理中发挥着不可或缺的作用。律师事务所是这些主体中的重要力量之一，张立荣、冉鹏程以恩施州利川市律师事务所参与乡村治理为例，对律师事务所参与乡村治理展开了实证研究，立足社会资本角度，剖析了乡村治理的路径，提倡遵循“三治融合”总体要求，以认知维、结构维、关系维相互联动重塑乡村社会资本①。另外，在乡村工作的教师、医生等人员也是乡村治理的其他主体。胡放对以在乡村工作的教师、医生为代表的知识分子在乡村治理中可能起到的作用进行了深入剖析，发现其在培育乡村文化队伍、传承乡村文化内容、支撑乡村文化活动、引导乡村文化发展等方面作用不凡②。

（二）“三治融合”的规范

“三治融合”乡村治理依赖于多元规范合力推进。多元规范由自治规范、法治规范、德治规范构成。这些规范在不同层次、不同角度对乡村治理发挥着各自独特的功能与价值，并通过一定方式相互连接形成一个完整的系统，共同对乡村治理多元主体进行规制。

1. 自治规范

关于自治，当前学术界的研究多集中于对国家法规与政策的研究，特别是对《中华人民共和国村民委员会组织法》提出过很多意见，多数学者主张加强行政对乡村自治的引导规范，将自治制度付诸实践。还有部分学者对村规民约进行了研究，如陈寒非、高其才以实证研究的方式对东、中、西部地区 45 个行政村展开实地调研后，认为村规民约对乡村治理的正面影响集中体现在保

① 张立荣，冉鹏程 . 社会资本视角下乡村治理的困境分析与出路探寻：以恩施州利川市律师事务所参与乡村治理为例 [J]. 华中师范大学学报（人文社会科学版），2018，57（4）：12-18.

② 胡放 . 新时代乡村知识分子在乡村文化建设中的功能探析 [J]. 中共济南市委党校学报，2018（3）：66-69.

障基层民主、管理公共事务、分配保护资产等十一个方面[①]。村规民约之所以能够发挥正面影响，是因为其以国家法律对其做出的确认、社会环境为其做出的支撑、自治传统的弘扬、集体认同心理等为后盾。因此，乡村基层政府要从主观和客观两方面来打造村规民约的作用机制：主观上要统一思想、提高认识；客观上要对其给予制度保障。

2. 法治规范

关于法治，法治规范是法治主体推进乡村治理工作的行为规范。因此，乡村法治的推行需要一套符合国情且适应乡村现实的涉农法律法规，涵盖乡村基本公共服务保障、乡村市场运行、农业支持保护、生态环境治理、社会矛盾化解、农民权益维护等诸多方面的内容，能应对在乡村振兴战略实施中出现的新形势与新需求，由此起到法律引领、规范和保障的作用。值得一提的是，要使法律作用得到充分发挥，司法和执法能力是关键，即法治主体必须配合法治规范充分发挥出应有的作用，共同推进乡村法治建设。

3. 德治规范

关于德治，德治规范是乡村德治建设的重要依据。公序良俗是德治规范的核心内容。公序良俗意识的培养任重而道远，必须从娃娃抓起，尤其要注意优良家风的传承。乡村基层政府和村委会要大力弘扬中华优秀传统文化中的孝文化，发挥其修身养性、融合家庭、报国敬业、凝聚社会、塑造文化的功能，引导健康和谐的社会公序良俗的形成。另外，公序良俗是否科学合理是能否培养公序良俗意识的基础，因此，公序良俗应在广纳民意、凝聚民智的基础上形成，且应能够适应新时代的需要，必要时国家也要出台相应政策予以引领支持，这样才能更广泛地唤醒大众的公序良俗意识。公序良俗意识的养成不会一蹴而就，仅靠说教也很难达到应有的效果。因此，基层党组织在规范公序良俗的过程中应起到关键的引领示范作用，以良好的政风引领优良的民风，让老百姓切身感受到法律的权威、公序良俗的尊严，以科学合理的公序良俗构建良好的乡村德治规范，让德治主体与德治规范合力推进乡村德治建设。

① 陈寒非，高其才．乡规民约在乡村治理中的积极作用实证研究 [J]. 清华法学，2018，12（1）：62-88.

第三节　“三治融合”在现代化乡村法治体系构建中的应用价值

“三治融合”在现代化乡村法治体系构建中具备很高的应用价值。首先，在实践起源、治理目标、治理逻辑的共同作用下，“三治融合”保障了人民当家作主；其次，从乡村振兴的内容、总体要求、实施基础角度来看，“三治融合”能够助力乡村振兴战略全面推进；最后，“三治融合”本身就是一种具有中国特色的乡村治理理念，应用“三治融合”可以打造出最契合我国发展实际的乡村治理方案，如图 3-6 所示。

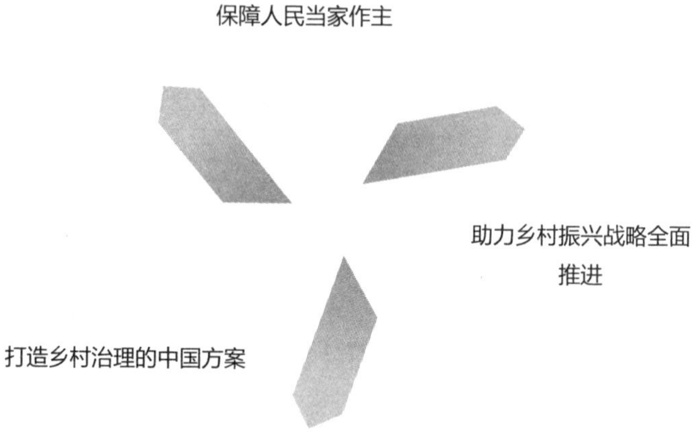

图 3-6　“三治融合”在现代化乡村法治体系构建中的应用价值

一、保障人民当家作主

（一）实践起源体现人民当家作主

就实践起源而言，“三治融合”乡村治理理念起源于浙江桐乡群众基层治理实践，这场实践从地方试点逐步向全国推广，是乡村治理的光辉范例。浙江桐乡在坚持党的领导、加强基层组织建设、推进法治政府建设和服务社会等方面积累了宝贵经验，形成了系统完整的理论框架和丰富可行的制度安排。浙江桐乡“三治融合”实践走在了理论的前面，无论从治理理念、治理主体、治理规范、治理模式中的哪个方面来看，都闪烁着基层群众智慧和创新的光芒，充分尊重了乡村人民的首创精神，真正做到了乡村人民当家作主。

（二）治理目标契合人民当家作主

就治理目标而言，让乡村人民当家作主是乡村治理的起点与归宿，这是我国以人民为中心的根本政治立场所决定的。发展社会主义民主政治是推进国家治理体系和治理能力现代化的题中应有之义。要坚持和完善中国特色社会主义制度、推进国家治理体系和治理能力现代化，就必须坚持党的领导、人民当家作主、依法治国有机统一，坚定不移地发展社会主义民主政治，用制度体系保障人民当家作主。因此，在“三治融合”中，德治也好，法治也罢，最终只有落在自治的层面上才能得以实现与推进。乡村自治的根本目标就是保证和支持广大基层乡村人民实行自我教育和自我管理，是人民当家作主落实到国家政治生活和社会生活中的最直接体现。

（三）治理逻辑反映人民当家作主

就治理逻辑而言，从“管控”到“管理”再到“三治融合”，国家和社会的二元分离状态被逐步打破，国家治理的权力与要素资源逐渐向基层下沉，国家和社会深度融合互构。与此同时，国家通过对乡村地区的政治、经济、文化等多方面进行制度供给来加强引导能力，从而为乡村治理提供更为有力的支撑。在这个进程中，国家治理的“授权”对象是乡村，乡村社会对治理“收权”。这“一授一收”的治理逻辑反映了乡村人民当家作主这一重要价值宗旨，“三治融合”的治理逻辑正是其中典范，是为了促进乡村人民参与基层社会治理而构建的，体现了国家治理理念从“治民”向“民治”的转变，真正反映了我国对乡村人民当家作主的政策扶持与价值认同。

二、助力乡村振兴战略全面推进

（一）“三治融合”契合乡村振兴内容

党的二十大报告明确了要全面推进乡村振兴，坚持农业农村优先发展，扎实推动乡村产业、人才、文化、生态、组织振兴。这五个方面的内容不仅涵盖了经济、文化与社会的振兴，还涵盖了治理体系的创新与生态文明的推进。其中，组织振兴是乡村振兴的保障条件。“三治融合”把夯实基层治理作为固本之策，全力建立健全党委领导、政府负责、社会协同、公众参与、法治保障的现代化乡村治理体系，坚持自治、法治、德治相结合，推进乡村组织振兴，确保乡村社会充满活力、和谐有序。

从自治角度来看，“三治融合”可以进一步改变党员干部原有的观念理念，使党群干群关系愈加紧密和谐，民意、民声都能及时得到倾听，并反映在具体的实践工作中，如百姓参政团的成员多数是村社干部、“两代表一委员（党代表、人大代表、政协委员）”、老党员、模范代表等，通过大量搜集民意、理解百姓诉求、积极参与治理，保障了广大乡村人民的知情权、参与权、表达权和监督权，关系到老百姓切身利益的大事、重大工程均须经过百姓参政团决议，这提高了决策的科学性和民主性，增强了决策的执行力和号召力。

从法治角度来看，“三治融合”围绕乡村社会治理的内容展开，对计生协会、红白理事会等组织的职能进行优化整合，村级百事服务团的成立有助于村级组织为群众提供服务。同时，“三治融合”实践包括提供政策宣讲、矛盾调解、科普推广、法律援助及其他服务，深入乡村，满足群众的多元化诉求。最重要的是，各种指导性文件颁布有助于有效提升乡村法治水平和治理规范，确保乡村法治秩序良好，有利于促进乡村全面振兴。

从德治角度来看，“三治融合”强调社会主体的共同参与、共同治理，通过强化德治建设、拟定村规民约、建立道德“红黑榜”、开设“道德大讲堂”、成立“道德评判团”等方式，引导乡村居民崇德向善，养成优良家风民风，提高村社的自我服务、自我管理能力。这些都是中华优秀传统文化传承与弘扬的有效途径。与此同时，一些乡村在文化广场、示范长廊、道路沿边等民众较为聚集的区域，宣传孝德文化故事，通过“听”群众呼声、“说”身边例子、

“论”是非曲直、“亮”典型人物，弘扬社会公德和家庭美德，促进个人品德养成与社会文明程度的提高，加强村风民风建设，营造乡村社会和谐氛围，以组织振兴带动乡村文化振兴。

（二）“三治融合”满足乡村振兴总体要求

就乡村振兴的总体要求而言，乡村振兴是对过去几十年乡村发展成就的总结，更是为未来一段时期乡村经济社会发展指明前进方向。“乡村振兴，治理有效是基础。”这是2018年中央一号文件的明确论述，该文件对“治理有效”在乡村振兴战略推进中的作用进行了高度肯定。党的十九大报告明确提出了“产业兴旺、生态宜居、乡风文明、治理有效、生活富裕”的乡村振兴战略总要求。2023年中央一号文件也提出，健全党组织领导的乡村治理体系，强化农村基层党组织政治功能和组织功能，提升乡村治理效能，加强农村精神文明建设。乡村治理是乡村振兴战略的重要内容，治理有效是实现乡村振兴的保障，而前面所述的浙江桐乡实践成果证明，“三治融合”是实现治理有效的路径，这一点也得到了国家的认可，桐乡实践结果成为“桐乡经验”向全国推广。因此，乡村振兴战略的总要求体现并强调了乡村治理体系在乡村振兴中的重要性。而要创新治理体系，实现乡村振兴战略的总要求，乡村基层政府必须充分发挥自治、法治、德治在乡村治理体系中的重要作用，使自治、法治、德治相辅相成、三位一体，共同推动乡村法治体系现代化。

（三）“三治融合”为乡村振兴奠定坚实基础

乡村振兴要有坚实的物质与文化基础。要想打牢这两方面的基础，乡村基层政府必须把乡村社会各方面力量聚集在一起，营造一个和谐稳定的政治环境、社会环境。而“三治融合”恰好就是一种将各方面力量聚集在一起的有效途径，它既能进一步强化基层党组织领导的核心地位，调动乡村各群体对乡村治理的参与热情与主动性；又能强化法律的权威地位，发挥道德教化的作用，推进法治乡村建设，促进乡村道德建设，确保乡村和谐祥和、文明有序，从而为经济发展与文化发展提供稳定和谐的政治环境和社会环境与有效且优质的服务。可谓治理的效果越好，越能为乡村振兴夯实物质基础与文化基础，越能确保乡村振兴战略全面推进。

1.“三治融合”为乡村振兴奠定物质基础

从物质基础角度来看，“三治融合”为乡村振兴奠定物质基础靠的是产业兴旺。以乡村旅游为例，乡村旅游是乡村产业的重要组成部分。近年来，我国经济快速发展，人民生活水平不断提高，人们更加注重精神追求，乡村旅游成为拉动内需、改善民生、带动就业和增加农民收入的有效途径之一。“三治融合”能够推动乡村多元主体的参与，再借助乡村地区旅游资源的丰富性，促进乡村旅游业和其他行业的融合，培育打造乡村新业态，如休闲农庄、农家乐农庄、油茶合作社、家庭农场等，促进民宿、研学基地的建设，扩大旅游市场，打造三位一体、整体发展的一站式乡村旅游休闲娱乐产业。乡村基层政府应实施全域化战略，整合乡村资源，使乡村成为美丽宜居的生态家园。此外，乡村基层政府应以丰富的旅游资源为依托，将休闲观光产业与乡村内部农产品加工相结合，创建特色民俗产业，把新兴文化嵌入产业振兴的整个过程中，实现乡村大发展，推进乡村全面振兴。

2.“三治融合”为乡村振兴奠定文化基础

从文化基础角度来看，乡村振兴的文化基础依托乡风文明建设。“三治融合”能够进一步完善以党组织为中心的治理体系、涵养乡风文明、助推乡村振兴。

以自治为基，“三治融合”有助于引导村民主动参与自我管理和自我服务。乡村基层政府可以结合乡村实际情况和当地文化传统，制定与村情民情相适应的村规民约，形成大事有村规、小事有民约的自治局面，充分展现村民在自我管理、自我服务、自我约束等方面的才能与智慧。

以法治为本，“三治融合”有助于推行文明村建设行动。乡村基层政府和村委会可以开展常态化的法律咨询宣传和其他法律服务活动，加大普法宣传力度，使村民知法、懂法、守法，形成处事有法可依、遇事找法解决的习惯，将法治意识融入生活，在乡村形成良好的法治环境，从而潜移默化地引导社会风尚，涵养乡风文明。

以德治为先，“三治融合”注重提升乡村居民整体道德素质，努力建设美丽宜居村庄。乡村基层政府可以通过一系列方式深入弘扬社会文明风尚，推动移风易俗下乡，探索道德正向激励与反向约束机制，创新教育引导与道德惩戒的模式，宣传乡村社会正能量，营造邻里和谐互助关系，激发村民提升自身道德修养的积极性，发动村民发掘本地先进事迹、好人好事，以身边事教化人、感化人，引导广大村民自觉遵守社会主义核心价值观，唤起广大村民的道德自觉，借助道德评议与社会舆论的作用，涵养文明乡风、良好家风和淳朴民风。

三、打造乡村治理的中国方案

中国特色社会主义制度与国家治理体系在我国社会的土壤中成长，在长期的改革实践中形成，是根植于中华优秀历史文化传统并借鉴和吸收了人类制度文明有益成果后日渐发展壮大的，既确保了我国经济的快速发展，又实现了社会的长期稳定，给多元文明共生共进的人类社会发展提供了更多的选择。

在完善我国国家治理体系的过程中，“加强和创新社会治理”是 2023 年政府工作报告对完善基层社会治理做出的新部署。一直以来，我国对社会治理创新都非常重视，近几年的中央政策文件对社会治理创新进行了全面、深入、系统的阐释。中共十九届四中全会明确了“完善党委领导、政府负责、民主协商、社会协同、公众参与、法治保障、科技支撑的社会治理体系”，提出“建设人人有责、人人尽责、人人享有的社会治理共同体”，强调“坚持和完善共建共治共享的社会治理制度”“健全党组织领导的自治、法治、德治相结合的城乡基层治理体系”，为社会治理实践的未来发展指明了一条具有中国特色的道路。

在以上论断中，“三治融合”再一次成为重点内容，并与“共建共治共享”和“社会治理共同体”被同时提及。

一方面，“共建共治共享”理念突出“全民性”，强调共建，体现共享价值。首先，“全民”既包括乡村人民群众，又包括政府、市场和社会三个治理主体。主体之间充分磋商、形成合力，让广大干部群众都能主动参与到乡村治理中来。“三治融合”的多元治理主体与这一点恰好符合，能够体现出“全民性”。其次，强调共建就是把党委、政府、社会组织和其他社会力量整合起来，为形成全方位共建的乡村社会治理格局保驾护航，从而达到高效的公众参与、提高乡村人民的参与意识、彰显人民的伟大力量。“三治融合”对人民当家作主的保障性与这一点不谋而合。最后，体现共享价值就是要深入贯彻落实党的路线方针政策，传达党和政府的“声音”，疏通民情民意的诉求渠道，增强乡村社会治理效果。共享的重要价值就是保障群众利益，让人民共同享受社会发展取得的重大成就。

另一方面，“社会治理共同体”的提出是我党在社会治理理论上的一次创新与完善，是社会治理目标的进一步升级，它指明了社会治理现代化的发展方向。“社会治理共同体”本身就是彰显中国特色的社会治理话语，具有明确的价值取向[①]。乡村治理体系的构建本身就是一个持续探索、改进的过程。“三治融合”下的乡村法治体系坚持以党建引领，用自治提升内生力、用法治提升硬实力、用德治提升软实力，意在建设人人有责、人人尽责、人人享有的社会治理共同体。

总之，“三治融合”的现代化乡村法治体系把人民至上的理论贯穿始终，在新的时代站位上将依法治国更好地融入乡村治理，实施“依法治村”，并融数千年悠久历史的德治智慧于一体，体现了新时期乡村治理正在走出具有中国特色的治理路径。新的乡村治理体系遵循党的领导和多方共治的治理逻辑，以共建、共治、共享的全球治理观为引导，坚持自治、法治、德治相结合，是一次对过去传统治理逻辑的超越，使基层试点实践向理论升华，为构建中国特色基层治理体系贡献了新时代的智慧与方案。

① 周进萍．构建和谐有序的社会治理共同体 [J]. 唯实，2020（3）：62-65.

第四章

“三治融合”的现代化乡村法治体系构建概述

第一节 现代化乡村法治体系构建的目标与原则

在乡村治理工作中，无论是德治还是自治，都需要通过法治的规范和保障来实现。对于以法治为核心、自治与德治服务于法治的现代化乡村法治体系，乡村基层政府要进一步明确其目标与原则，提高乡村法治的效能。

一、现代化乡村法治体系构建的目标

实现构建现代化乡村法治体系的目标需要以现代化的治理理念和法治化的治理机制为保障，乡村基层政府需要积极做好以下几个方面的工作，如图4-1所示。

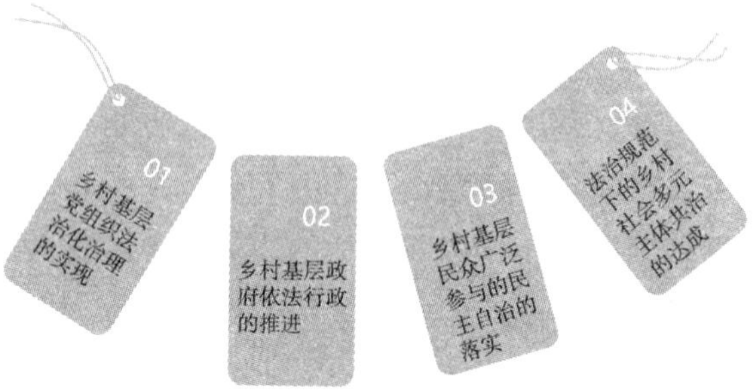

图4-1 实现构建现代化乡村法治体系的目标所需的工作

（一）乡村基层党组织法治化治理的实现

乡村基层党组织作为党在乡村的组织基础，是党在乡村开展各项工作的坚实力量，是乡村治理工作的战斗堡垒，也是构建现代化乡村法治体系的关键因素。在现代化乡村法治体系的构建过程中，乡村基层党组织要发挥好政治引领作用，确保现代化乡村法治的方向正确，坚持依法执政，做好乡村法治工作，切实维护好广大乡村群众的根本权益，构建以法治为核心、自治与德治服务于法治的“三治融合”的现代化乡村法治体系；乡村基层党组织还要发挥好带头作用，加强法治队伍建设，提升基层党组织成员的整体法治素养，运用法治思维和法治方式解决乡村基层治理过程中遇到的各种问题，提高乡村基层法治的整体水平。

法治思维和法治方式在基层党组织法治化治理中具有重要作用，是现代化乡村法治体系构建的基础，基层党员干部要坚持法治观念，提高运用法治思维分析问题、发展问题、解决问题的能力。现代化乡村法治体系的构建需要乡村基层政府坚持以维护广大基层群众的权益为核心，将服务群众、造福群众作为乡村基层法治工作的出发点和落脚点，引导广大基层群众自觉学法、自觉用法、自觉守法，让现代化乡村法治理念深入人心、融入基层法治实践，从而推进乡村基层党组织法治化治理的实现。

（二）乡村基层政府依法行政的推进

推进乡村基层政府依法行政是现代化乡村法治体系构建的重要目标之一，也是全面推进依法治国战略的必然要求。乡村基层政府作为我国最基础的政权组织，与基层人民群众的联系最为紧密，在全面推进依法治国和全面推进乡村振兴战略的过程中，乡村基层政府要积极发挥第三方组织的服务作用，提升依法行政水平，推进乡村基层法治建设工作的开展；乡村基层政府还要做好乡村资源的调整、管理和分配工作，依靠法治的力量规范乡村基层事务的开展和运行，通过现代化乡村法治体系的构建来规范乡村基层权力的运行，发挥在乡村基层法治建设中的正向作用，依法行政。

（三）乡村基层民众广泛参与的乡村基层民主自治的落实

要构建现代化乡村法治体系，就要处理好自治、法治和德治三者之间的关系，在法治的规范下促进乡村基层民众广泛参与的乡村基层民主自治的落实。自治是乡村基层治理的基本手段，乡村基层法治体系构建的根本目的是实现广大基层民众的民主，而法治能够为民主提供基本保障。现代化乡村治理体系的构建要以法治为核心，以自治为基础，发动乡村基层民众广泛参与，最终促成乡村基层民主自治的落实。乡村基层政府应培养乡村基层民众的法律意识，提高他们的法律觉悟，引导他们通过合法途径进行权益的维护和表达、利用法治手段和方式来解决各种乡村社会纠纷；乡村基层政府还要依法保障广大乡村民众的自治权、民主权等政治权利，为村民的有效政治参与提供制度保障，推动乡村治理过程中民主选举、民主决策、民主管理、民主监督的依法落实，最终实现乡村基层民众广泛参与的民主自治。

（四）法治规范下的乡村社会多元主体共治的达成

达成多元主体共治是现代化乡村法治体系构建的重要目标。随着城镇化加速发展，我国当前乡村基层的社会阶层和社会格局也发生了重大变化，这就需要打破原有的政府单一管理的格局，在法治为依托的前提下，实现基层政府引领、社会广泛参与、广大乡村民众“三治融合”的良性互动。在构建现代化乡村法治体系的过程中，乡村基层政府要积极推进乡村基层治理的社会参与，利用法治的方法和手段为广大乡村民众、乡村社会组织提供制度规范，保障法治规范下乡村共治的社会多元主体的参与，充分激发乡村基层法治建设的活力，全面提高乡村治理工作的成效。

二、现代化乡村法治体系构建的原则

现代化乡村法治体系的构建需要在处理好法治与自治、德治之间关系的基础上，遵循公平公正的原则、多元化主体共治的原则、以民众利益为中心的原则、可持续发展的原则，如图 4-2 所示。

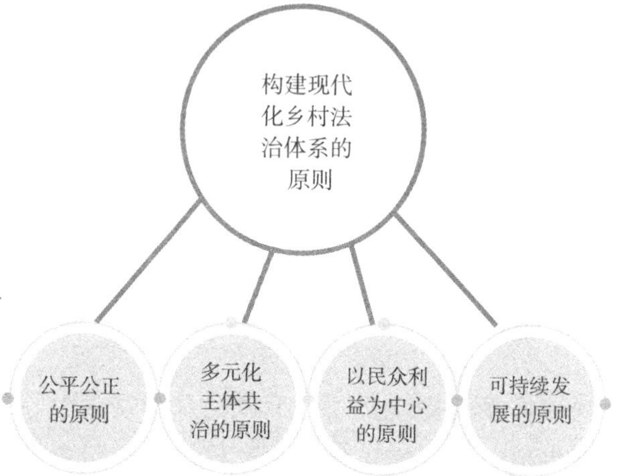

图 4-2　构建现代化乡村法治体系的原则

（一）公平公正的原则

现代化乡村法治体系的构建要遵循公平公正的原则。在我国乡村法治建设过程中，国家一直强调公平公正的原则，这为乡村经济的发展、乡村社会环境的稳定提供了重要保障。现代化乡村法治体系的构建是全面推进依法治国和乡村法治建设的重要内容，公平公正的原则不能被忽视，应该在乡村治理的相关法律制度和乡村法治的具体实践中予以巩固和强化，从而为广大乡村民众的权益提供重要保障。首先，在现代化乡村法治体系的构建过程中，乡村基层政府要建立责权明晰、科学规范的乡村行政执法体制，建设高素质的乡村行政执法队伍；要加强乡村行政执法监督体系的建设，在保证乡村各项法治工作严格依法执行的同时，强化对行政执法的有效监督，从而保证公平公正的原则能够真正落实到位。其次，国家要促进城乡之间融合发展，保障城乡居民之间法律地位和法律权益的公平和平等。现代化乡村法治体系的构建需要均衡城乡居民之间的利益关系，以公平公正为原则保障广大乡村民众的正当利益，从而有效调动他们的积极性，保障乡村社会经济的发展和大局的稳定。

（二）多元化主体共治的原则

现代化乡村法治体系的构建要遵循多元化主体共治的原则，这一原则要求乡村法治摒弃政府治理的一元化管理体系，充分激活“三治融合”中多元主体的积极性，激发各方活力，有效调动村民的积极性，构建以法治为核心，自治、德治为辅助的“三治融合”的多元主体共治机制。乡村法治体系要以乡村人民法庭与乡土法杰为实施主体，乡村人民法庭要灵活运用多种审判方式发动广大乡村民众广泛参与诉讼，化解乡村基层中的各种社会纠纷；而乡土法杰对乡村的乡土规范有深入的了解，又具备国家法律的相关知识，两者联合作为实施主体能够构成协调国家法理权威与乡村礼俗权威的核心力量。

（三）以民众利益为中心的原则

现代化乡村法治体系的构建必须强调以民众利益为中心的原则，坚持与乡村民众共建美好生活，与乡村民众共治乡村事务，与乡村民众共享治理成果，将维护乡村民众权益、提升乡村民众的幸福感作为乡村法治工作的出发点和落脚点。在现代化乡村法治体系的构建过程中，乡村基层政府要尊重乡村民众的主体地位，提升广大乡村民众的法律意识和依法自治能力，以法律来约束广大乡村民众的主体行为，坚决打击损害乡村民众集体利益、扰乱乡村秩序的行为。基层乡村作为全面推进依法治国的主战场，只有维护好广大乡村民众的根本利益，在乡村营造良好的法治环境，才能调动广大乡村民众的积极性，使他们没有后顾之忧，从而促进乡村经济的发展和乡村秩序的稳定。法律具有不可逾越的神圣地位，法治保障广大乡村民众的利益，保证任何人都不能凌驾于法律之上，从而使广大乡村民众真正享受到法治带来的实惠。

（四）可持续发展的原则

现代化乡村法治体系的构建必须遵循可持续发展的原则。我国是一个典型的农业大国，乡村人口基数大，乡村法治效果的好坏直接关系我国全面依法治国工作的成败。同时，农业的发展和经济的发展之间有着密切的联系，只有不断完善乡村法治体系，保障乡村秩序和谐稳定，才能不断促进乡村经济的可持续发展，从而实现国民经济的发展。坚持可持续发展的原则，走可持续发展的道路，不仅是现代化乡村法治体系构建的原则，还是切实解决“三农”问题的重要途径；不仅是我国全面实施可持续发展战略的需要，还是乡村经济社会发展的内在需求。乡村法治是实施可持续发展战略的政策法律支持体系的重要组成部分，所以乡村基层政府应当把可持续发展的理念和具体要求贯彻落实在乡村法治建设的每一个环节中。由于可持续发展与传统发展观、发展模式之间存在根本性差异，可持续发展战略的确立和实施对传统的法律制度体系和法律运行方式的挑战和影响是严峻而深刻的。因此，在现代化乡村法治体系的构建过程中，首先国家应按照可持续发展的基本要求全面审查乡村法治建设的相关制度，通过对相关法律法规进行创制、修改、废止等立法活动，把可持续发展的理念和精神制度化、法律化，为可持续发展在乡村法治建设中的贯彻落实提供依据和保障；其次国家应全面改革与完善包括执法、司法、法律监督、法律宣传以及广大乡村社会主体守法在内的乡村法治的实施保障体系，真正使可持续发展从理想变为现实、从思想转化为行动、从外在倡导转化为内在动力。

第二节　现代化乡村法治体系构建的法治定位

构建现代化乡村法治体系需要正确把握法治的定位，把握好法治为核心、自治与德治服务于法治的准则，具体来说，需要把握好以下几个定位。

一、法治的核心和基础地位

党的二十大报告强调，要坚持全面依法治国、推进法治中国建设。这样的时代背景要求国家进一步促进乡村自治、法治、德治之间的相互联系和交融，明确法治在现代乡村法治体系中的核心地位，从立法、执法、监督等多个方面合理推进法治体系构建，从而为自治和德治提供保障，促进国家治理体系和治理能力现代化。法治在现代化乡村法治体系中的核心和基础地位是由法治的本质和发展特点所决定的，可以说，乡村治理的现代化过程就是乡村治理的法治化过程。法治在保障乡村和谐稳定发展，促进乡村治理制度化、程序化和规范化方面发挥着重要作用。法治体系作为国家制度建设的主要内容，其本质就是将国家制度通过法律的形式客观表现出来。乡村治理的现代化过程本质上就是法律在乡村治理中不断发挥功能和价值的过程。经济发展需要良好法治环境的保障，没有良好的法治基础，全面推进乡村振兴的目标也无从谈起。法治是安邦固本的基石，在现代化乡村治理体系的构建中处于基础地位，现代化乡村法治只有建立在法律的基础上，将法治理念渗透乡村治理的各个角落和各个环节，才能有效维护和保障乡村秩序和谐稳定，才能促进乡村经济发展。

二、法治的功能定位

法治在现代化乡村治理体系中处于重要地位，在“三治融合”现代乡村法治体系的构建中扮演着重要角色，其主要功能定位如图 4–3 所示。

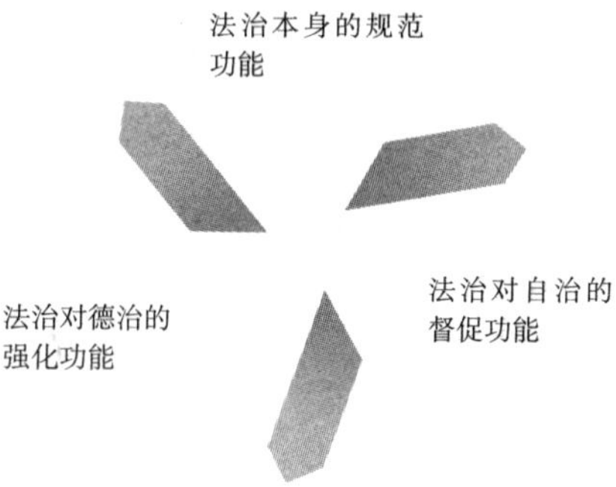

图 4-3 法治在现代化乡村治理体系中的功能定位

（一）法治本身的规范功能

法律对社会行为具有规范和约束功能，这主要是通过权利和义务的机制来实现的，权利的利益导向能对人们的行为发挥激励作用，而义务的责任导向能对人们的行为产生抑制和约束作用。法律通过规定人们的权利和义务，以权利和义务为机制，既对人们的正当利益需求进行保护，又对人们的不合理欲望进行抑制。具体到乡村治理工作中，即法治能为乡村治理提供正确的方向指导，以立法形式对乡村治理中的治理主体、治理内容、治理方式、治理责权等予以明确，从而对广大乡村民众的不当行为进行抑制和约束，发挥法治的规范功能。

（二）法治对自治的督促功能

在现代化乡村法治体系构建过程中，乡村基层政府在发挥法治主体功能的同时，要促进法治与自治之间关系的协调，充分发挥法治对自治的督促和驱动功能。乡村基层政府发挥法治对自治的督促功能要注意把握法治的界限和范围，对属于自治范围的事务尽量不进行干预。乡村基层政府应正确发挥法治对自治的督促功能，使法治功能的发挥更接近乡村发展的实际情况，更能反映广大乡村民众的切实需要，能够有效调动广大乡村民众的积极性和主动性，充分督促和驱动自治功能的发挥。在乡村社会形势不断变迁、利益诉求多元化的情况下，单纯依靠自治不容易促进问题解决和矛盾化解，法治能够发挥对自治的督促功能，使村民自治得到法治化的完善和升华。特别是一些村规民约，应以法治来对其进行规范，一些陈规陋习要被废除，对于公序良俗，国家要给予法律方面的保护，从而帮助广大乡村民众把握好情、理、法的尺度，在法治的督促和强化下开展乡村治理自治工作。

（三）法治对德治的强化功能

德治和法治是我国国家治理的两种重要手段，德治能够以价值的认同来感染人心，而法治通过强制规范来整饬社会秩序。乡村治理同样需要德治与法治结合，需要法治发挥对德治的强化功能，推进乡村治理现代化的实现和乡村各项工作蓬勃发展。德治与法治相结合一直是我国传统社会治理的重要特征，但是传统社会的德治和法治更多是为统治阶级服务的人治。而我国现代化的国家治理以人民的利益为根本出发点和落脚点，强调自治、法治、德治相结合，在德治实施的过程中注重法治的强化和规范作用，对传统的德治思想进行了现代化、法治化的改进和创新。乡村基层政府应在党的道德规范指引下对广大乡村民众开展社会主义核心价值观和民族精神的教育学习活动，这样能从思想理念上加强对广大乡村民众的道德管理和道德规范，在发挥法治规范和约束功能的同时，发挥对广大乡村民众的道德教化作用。

第三节　现代化乡村法治体系构建的基础工作

现代化乡村法治体系的构建是一项长期的系统工程，需要多方协作配合，其中，基础工作非常重要。在现代化乡村法治体系的构建过程中，乡村基层政府需要做好以下几个方面的基础工作。

一、创建乡村法治的稳定环境

经济基础决定上层建筑，这一原理同样适用于乡村法治工作。只有乡村经济发展了，乡村民众的精神文化生活丰富起来了，乡村法治建设才能有一个稳定的环境，现代化乡村法治体系构建的步伐才能进一步加快。

（一）加快乡村经济发展，提高基层政府管理效率

乡村经济的发展能够促进基层政府管理效率的提高。首先，乡村经济的发展能够提高基层组织的财政收入、解决政府资源方面的问题，从而提高基层政府和组织的综合调控能力，使政府能够更好地扶持发展相对落后的区域，带动乡村经济的整体发展和增长，从而实现良性循环、共同发展。其次，在经济发展、基础资源有了保障的基础上，基层政府就能抽出更多的人力、财力、物力来进行法治基础建设工作、开展法治文化宣传活动、壮大法治人员队伍，使乡村民众能够更加方便、直观地借助法律来维护自己的权益，从而使乡村法治工作顺利开展。

（二）提高乡村居民收入，加速乡村法治建设步伐

乡村法治是建立在一定经济基础上的，如果没有坚实的经济基础，乡村法治建设就会成为无源之水、无本之木。只有乡村经济发展了，乡村居民收入提高了，乡村法治才能拥有持久发展的内在动力。“仓廪实而知礼节，衣食足而知荣辱。”① 只有乡村的经济实力提升了，乡村居民的收入提高了，乡村居民的法律意识才能得到增强，乡村居民才能有更多的时间和精力投入法律学习和法律实践活动，才会在维护自身的合规、合法、正当的权益时毫不犹豫地拿起法律的武器，与邪恶、非法势力抗争，推动乡村法治走向常态化。

二、夯实乡村基层治理的法治基础

要在乡村经济发展的基础上，进一步夯实乡村基层治理的法治基础，为现代化乡村法治体系的构建打好根基，国家就需要从以下几个方面开展工作，以有效发挥法治在农业发展中的作用，如图 4-4 所示。

① 司马迁 . 史记 [M]. 甘宏伟，江俊伟，评注 . 武汉：崇文书局，2010：374.

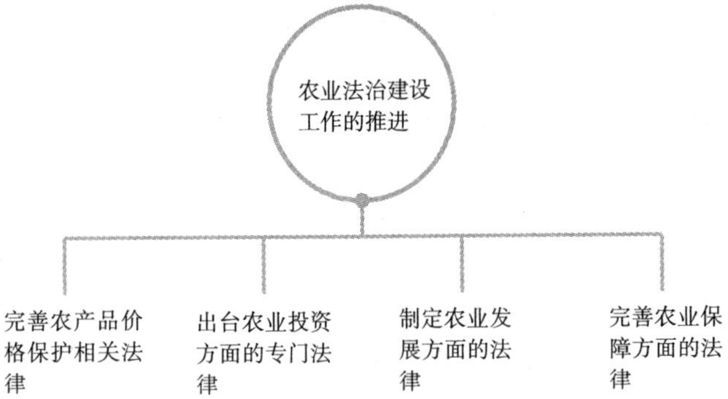

图 4-4　农业法治建设工作的推进

（一）完善农产品价格保护相关法律

现代化乡村法治体系的建设有利于加快乡村法治化的进程，进而为乡村经济社会的发展保驾护航。乡村经济以农业为主，对农业的支持和保护可以起到推进乡村法治建设的作用。对于乡村居民来说，农产品价格直接关系到他们的切身利益，国家应通过出台相关的农产品保护法、降低农产品价格波动带来的风险，使农业生产者的利益得到保障。农产品价格调控不能单纯依靠有关政策，国家应该从法律法规方面确立相应的农产品价格保护机制，从而充分调动乡村居民的积极性，促进农业经济发展，实现农产品增产与农业生产者增收的有机结合。

（二）出台农业投资方面的专门法律

改革开放以来，我国逐渐重视农业发展，颁布了一系列农业方面的法律，如《中华人民共和国农业法》《中华人民共和国土地管理法》《中华人民共和国水土保持法》等，在农业立法方面取得了重大进步。虽然国家在农业方面的立法解决了不少乡村建设中的问题，但农业方面的投资依然存在很大的盲目性，迫切需要国家出台专门法律来对农业投资进行规范，从而为农业投资提供指导和保障。农业投资方面的专门法律有助于对农业结构、农业投资方面进行有效调整，使某些充满不稳定性和随意性的农业投资行为得到有效规范，从而有助于建立正常稳定的农业投资机制，使农业投资行为投资真正做到有法可依。此外，农业投资方面的专门法律的实施能够对农业投资进行规范和保障，从而加快农业发展的步伐，促进新型农业发展目标的实现；能够有效调整乡村产业结构，在保障农业安全的基础上，积极扶持和发展第二、第三产业；能够在一定程度上解决乡村就业问题，拓宽农民增收渠道。

（三）制定农业发展方面的法律

国家在制定农业发展方面的法律时，应充分利用广大乡村在土地和丰富的人力资源方面的优势；乡村基层政府应因地制宜、依法依规开办各类企业，优化乡村产业结构，加强工业和农业之间的联系，促进乡村经济积极发展。此外，乡村基层政府可以通过租赁、对外承包等多种形式加大对乡村集体资源的开发，通过组织农户与企业合作等方式来引导乡村居民多元经济的发展，从而提高乡村集体经济的收入，拓宽乡村居民创新创业的渠道和领域，实现乡村居民经济收入的增加和生活水平的提高。

（四）完善农业保障方面的法律

要使农民的权益在法律层面得到有效保障，国家就要完善农业保障方面的法律制度，有效保障农业当事人的合法权益，提高农业从业者的抗风险能力，为农业提供有效的法律保障。例如，2022 年 1 月，农业农村部颁布了《农业农村部关于修改和废止部分规章、规范性文件的决定》，对一系列涉农规章和规范性文件进行了修订，包括《农业野生植物保护办法》《农产品质量安全监测管理办法》《绿色食品标志管理办法》《农药登记管理办法》等；废止了《黄渤海区对虾亲虾资源管理暂行规定》。这一行为加强了对农业活动的规范，保护了农业活动参与者的合法权益，有助于推动乡村地区发展、推进农业法治建设工作。

三、推进乡村集体产权制度法治化

要推进乡村集体产权制度法治化，乡村基层政府就需要在遵守国家宪法及法律规定的前提下，积极贯彻落实党中央关于乡村集体产权制度的政策精神，紧密契合乡村的实际发展需要，积极维护农民的根本利益。具体来说，推进乡村集体产权制度法治化应从以下几个方面着手，如图 4–5 所示。

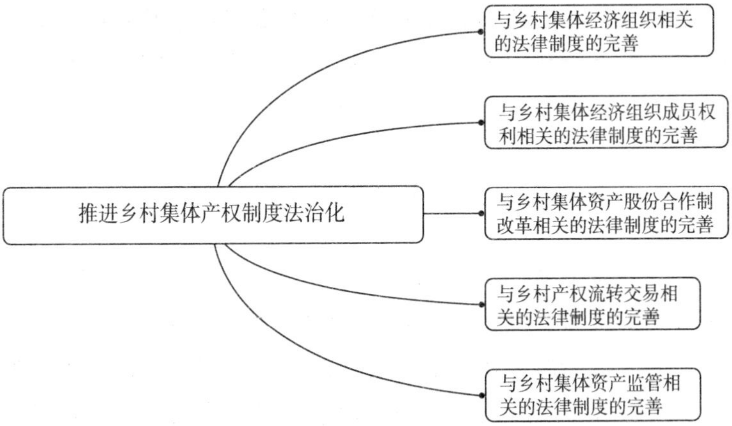

图 4-5 推进乡村集体产权制度法治化

（一）与乡村集体经济组织相关的法律制度的完善

要完善与乡村集体经济组织相关的法律制度，必须构建法人治理机制，以司法中法人治理的一般原理为基础，结合地方乡村集体产权制度改革实践的经验和教训，对乡村集体经济组织的法人治理机制进行科学、合理的制度设计与规范表达。与乡村集体经济组织相关的法律制度的完善要特别注意以下方面的问题：首先，要确定与乡村集体组织相关的法律制度的立法宗旨、立法原则等本体，要对乡村集体经济组织特别法人的原理进行进一步的明确；其次，要确立乡村集体经济组织的主体地位，划定与乡村集体组织相关的法律制度的使用范围；再次，要对乡村集体经济的内部结构进行设置，对其运行规则进行确立，防止实际运行过程中出现被少数人控制、被外来资本控制等异化现象；最后，要构建科学完善的民主决议机制，建立民主的表决方式，防止决议中异化现象的出现。

（二）与乡村集体经济组织成员权利相关的法律制度的完善

要完善乡村集体经济组织成员权利方面的法律制度，必须先解决好乡村集体经济组织成员的身份认定问题。针对这一问题，2016 年，中共中央、国务院印发了《关于稳步推进农村集体产权制度改革的意见》，给出了指导性意见："依据有关法律法规，按照尊重历史、兼顾现实、程序规范、群众认可的原则，统筹考虑户籍关系、农村土地承包关系、对集体积累的贡献等因素，协调平衡各方利益，做好农村集体经济组织成员身份确认工作，解决成员边界不清的问题。改革试点中，要探索在群众民主协商基础上确认农村集体经济组织成员的具体程序、标准和管理办法，建立健全农村集体经济组织成员登记备案机制。成员身份的确认既要得到多数人认可，又要防止多数人侵犯少数人权益，切实保护妇女合法权益。提倡农村集体经济组织成员家庭今后的新增人口，通过分享家庭内拥有的集体资产权益的办法，按章程获得集体资产份额和集体成员身份。”这一意见以保障农民的基本权益为根本出发点和落脚点，从宏观方面对乡村集体经济组织成员的身份认定问题做出了指导。在实践中，立法机关需要在此基础上在法律层面对其进一步细化，为乡村集体经济组织成员身份认定提供必要的法律依据，完善乡村经济组织成员权利方面的法律制度。

（三）与乡村集体资产股份合作制改革相关的法律制度的完善

乡村集体资产是发展乡村集体经济的物质基础，是广大农民劳动成果的积累，也是农民实现持续增收的重要条件。乡村集体资产股份合作制改革指的是集体经营性资产的合作制改革。农村集体经营性资产的股份合作制改革作为农村集体产权制度改革的重要内容，其重点难点问题主要包括股权设置、股权管理、折股量化、特殊群体的利益保障等方面。

股权设置方面的重点是解决集体股是否设立的问题，以及如何对集体股和公益金的作用进行明确。股权管理主要存在两种模式，一种是随人口变动而对股权进行调整的动态管理模式，另一种是不随人口变动而对股权进行调整的静态管理模式。折股量化方面的重点为在全面完成清产核资，准确划分资源性资产、经营性资产、非经营性资产界限和确认集体成员身份的基础上充分尊重成员意愿、合理划分集体资产类别、科学确定折股量化资产对象，有关部门应按照科学确定量化资产、合理计量资产价值、明晰资产折股方式、确定成员分类享有份额、资产折股量化到人、股份确权到户等程序进行。在特殊群体利益保障方面，要注意对外嫁女、在校大学生、服刑人员等特殊群体利益的保护，防止利益分配方面出现失衡状况。

（四）与乡村产权流转交易相关的法律制度的完善

在乡村产权流转交易中，没有受到法律限制的品种都可以进入市场进行流转和交易。流转交易的方式、期限等要遵循相关法律、法规和政策。要创造公平良好的乡村产权流转交易市场环境、建立符合国家政策要求的乡村产权流转交易法律制度，就需要注意以下两个问题。首先是乡村产权流转交易市场是否开放的问题。乡村市场具有一定的封闭性，但是乡村产权流转交易市场未来的发展方向是以开放性为主，这就需要关于乡村产权流转交易的法律制度合理解决阶段性的闭锁与方向上的开放之间的问题。其次，要确定不同品种产品交易的相关规则。乡村基层政府应对乡村产权流转交易平台的性质、功能、服务对象、交易产品等进行明确，并建立相关监管体系，特别是要针对乡村产权教育的特殊性和复杂性，构建多元化的纠纷解决机制。

（五）与乡村集体资产监管相关的法律制度的完善

完善与乡村集体资产监管相关的法律制度有利于保护乡村集体资产、保护乡村集体资产改革所取得的成果以及防止乡村基层贪污腐败的发生。完善与乡村集体资产监管相关的法律制度要保障乡村集体所有制不动摇，以保护农民的基本权利为出发点和落脚点，实现内部监管和外部监管的统一。乡村集体资产监管应实现两个账户的分离，即村民委员会账户和乡村集体经济组织账户的分离，两个账户的分离在于落实“政经分离”的改革要求。就改革实践而言，对乡村集体经济组织财务的外部监管还缺乏国家层面的统一规范。

四、健全乡村法治的监督保障体系

乡村法治监督保障体系的健全有利于依法治国的全面推进。传统的管理模式需要通过法律手段来实现不同利益和不同利益要求之间的平衡。具体而言，乡村法治监督保障体系的健全需要从以下两个方面着手，如图 4–6 所示。

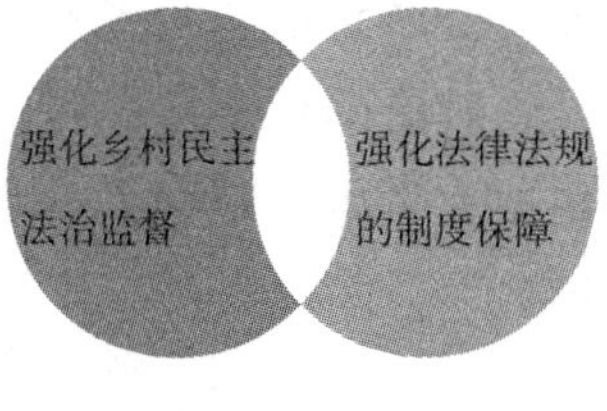

图 4–6　健全乡村法治的监督保障体系

（一）强化乡村民主法治监督

强化乡村民主法治监督是乡村民主选举、民主决策、民主管理能够顺利执行的有效保障。只有在民主法治监督的有效保障下，乡村社会才能实现真正的民主，村民的权利才能受到真正的保护。

民主法治监督的主要内容要依照“四民主两公开”（民主选举、民主决策、民主管理、民主监督和村务公开、财务公开）原则，处于自治范围内、涉及群众利益的、依法需要公开的必须全部透明公开。村委会需要自觉接受乡村治理中多元主体的监督，保障其监督权和知情权。对村资产资金的管理和使用、村相关公共工程的招标和建设等涉及人民根本利益的相关事务的处理都需要自觉接受村民和其他主体的监督，实现乡村监督体系全覆盖。还要不断丰富监督方式。当前的乡村监督方式较少，手段单一。在互联网迅猛发展的时代背景下，有条件的地区可以通过网络手段进行监督，发展线上与线下相结合的监督方式，如通过建立微信公众平台、微博等方式进行公示，保障乡村治理的多元主体的监督权。

（二）强化法律法规的制度保障

法律法规的制度保障是健全乡村法治监督保障体系的重要基础。只有在法律的保障下，乡村社会才能稳定有序发展。强化法律法规的制度保障需要从以下方面着手。首先，要健全和完善现有的法律法规。我国现行法律对村级自治制度和村民当家作主的权利进行了相关规定，但是对于具体情况下乡村如何进行治理和治理中职权的划分并没有清晰的规定，因此立法机关需要对相关法律法规制度的具体内容进行细化。此外，立法机关要广泛征集广大村民的意见，结合实践活动中的实际经验，对当地现行相关法规进行修订。进行修订时，立法机关要具备长远和发展的眼光，以继承与创新的理念来进行修订，所修订的法律应既能够满足乡村发展的需要，又能够具体到不同区域，结合本区域的实际情况和发展做出调整，制定相应的细化措施。其次，要对乡村基层民主选举制度进行规范，确保村民的有效参与。在乡村基层选举的过程中，各方都要严格遵守《中华人民共和国村民委员会组织法》，确保选举的公正、公开和透明，并结合本地的实际情况对具体的环节进行细化，让民主选举的参与权落实到每一位村民身上。随着社会不断发展，在市场经济的影响下，村民的民主参与意识和表达意识逐渐增强，民主选举制度的规范能够确保广大村民广泛地、最大限度地参与乡村基层选举与日常事务建设。最后，要对村民会议和村民代表议事制度进行完善。与村民根本利益相关的问题必须经由村民会议和村民代表审议批准。村务决策需要由村民代表进行决断，而不是由村干部来代替其行使权利。村民会议的过程要做到信息透明公开，乡村基层政府应拟定议事规程，使得这一制度更加规范化。

第四节　现代化乡村法治体系构建的注意事项

现代化乡村法治体系的构建是一项长期、复杂的任务，在构建的过程中有许多需要注意的事项，主要包括以下几个方面。

一、依法治理理念的培育

只有民众法治素养水平普遍提高，依法治理理念才能深入贯彻，而法治宣传教育是提升民众法治意识和法治素养的有效途径之一。

（一）针对性法治教育内容的确定

在乡村法治过程中，乡村居民由于知识文化水平、成员角色等方面的不同，他们的法治素养水平也存在较大差异，因此乡村基层政府要做好法治宣传教育工作，促进依法治理理念的培育。乡村基层政府应结合乡村居民的不同情况制定具有针对性的法治教育内容，如图 4-7 所示。

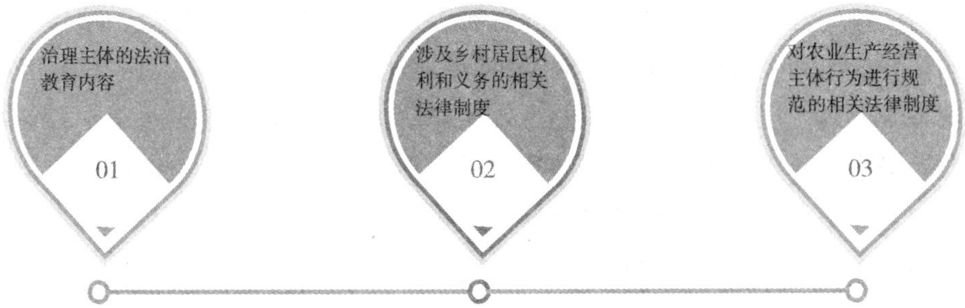

图 4-7　针对性法治教育内容的确定

1. 治理主体的法治教育内容

乡村基层干部作为乡村基层的治理主体，在乡村法治的实践过程中要对所有相关法律内容进行学习。很多乡村基层干部由于没有接受过专业的、系统的法律教育，在执法经验方面也有所欠缺，所以需要接受专门的相关法律知识的培训。上级宣传教育主管部门应该组织乡村基层干部对乡村治理实践过程中需要用到的普遍适用的法律进行系统学习并开展相应考核。党内法规和制度是乡村基层干部需要进行学习的重要内容，原因有三：其一，乡村基层治理主体成员以党员为主，因此在乡村依法治理过程中乡村基层治理主体要将严格遵守党内的相关法规和制度放在第一位；其二，党内法规和制度是乡村治理所依据的规范制度体系的重要内容；其三，治理主体需要在严格遵守党内法规和制度的前提下开展各项社会治理活动，这是实现乡村依法治理的重要途径。党内法规能够对乡村基层治理主体进行相应的制约和监督，为防范党员干部的腐败提供重要保障。

2. 涉及乡村成员权利和义务的相关法律制度

每个乡村居民都要进行国家基本法和村民自治法律相关内容的学习，特别是涉及自身权利和义务的相关法律制度的学习。村民自治是我国乡村法治的基本方式。广大村民要实现有效自治，就需要对村民自治的相关法律制度进行学习并在此基础上进行充分理解和运用，只有这样，村民的自治意识才能加强，村民才能主动自愿地参与乡村基层民主选举、民主监督以及乡村事务的民主决策与管理。此外，对国家基本法和村民自治法律相关内容的学习有利于村民了解自身的权利和义务，能够帮助村民在权利受到损害时拿起法律的武器保护自己，同时培养村民自觉履行责任义务的意识。

3. 对农业生产经营主体行为进行规范的相关法律制度

农业生产经营主体通过农业生产经营活动为社会提供农产品、农副产品等，农业生产经营活动是乡村法治的重要内容。农业生产经营主体的生产经营活动非常重要，农业生产经营主体所经营的农产品的质量和安全关系到广大人民的身体健康和生命安全，因此必须通过强有力的手段保证农业生产经营者依法依规进行生产经营活动。此外，农业生产经营主体的农业生产经营活动对乡村生态环境具有直接影响，农药、化肥使用过量等不规范甚至违法的农业生产活动是造成乡村生态环境恶化的主要原因之一。综上所述，乡村基层政府需要组织农业生产经营主体进行农业生产活动规范、食品质量安全等与生产经营活动相关的法律法规方面的学习。乡村基层政府要针对不同类型的农业生产经营主体，按照生产经营范围进行内容侧重不同的法治宣传教育，如有关食品安全以及水土、大气污染治理等方面的法律法规适用于所有农业生产经营主体，就应该对所有农业生产经营主体进行普及；而对于进行传统种植业的生产经营主体，重点普及的法律内容应该包括针对与农作物生产经营相关的各种因素设立的法律法规，如种子、农药、水利等方面的法律法规；对于畜牧业经营者，与牲畜饲养及乳制品的生产规制相关的法律法规应该成为其重点学习内容。

（二）运用具有实效的法治教育方式

在乡村法治过程中，要做好依法治理理念的培育工作，就需要对法治教育相关方面进行创新，讲究工作的实效性，针对不同的乡村基层社会主体，采用不同的方式方法进行法治教育。

1.针对乡村留守居民的教育方式

在乡村留守居民中，老弱妇孺人群占多数，这类人群中的很大一部分与外界的沟通联系比较少、文化程度偏低，对他们来说，比较浅显易懂的法治教育方式的效果会更明显，如发放宣传资料等教育方式。乡村基层政府可以将乡村法治的相关教育内容编成纸质资料提供给乡村留守村民学习，还可以将一些法律知识创编成小剧本，以快板、小品等广受欢迎的文艺演出的形式进行宣传教育。

2.针对进城务工人员的教育方式

进城务工人员由于接触外面社会比较多，对新事物的接受能力也比较强，对他们的教育方式可以采用传统与创新相结合的方式。一方面，有关部门应及时引导进城务工人员利用各类新媒体平台接受法律公共服务，积极维护自己的权利；另一方面，对进城务工人员负有普法责任的各执法机构应建立联动机制，利用新媒体普法平台针对进城务工人员经常遇到的法律问题提供更专门的、更方便快捷的服务内容，使进城务工人员能够利用和喜欢利用新媒体平台获取法律知识、解决工作和生活中遭遇的法律问题，从而提高进城务工人员的法治意识。

二、乡村纠纷的妥善处理

在现代化乡村法治体系的构建过程中，乡村基层政府需要妥善处理各种乡村纠纷。乡村社会处于不断发展变化之中，只有建立起多元化的乡村纠纷解决机制才能有效处理乡村纠纷中的问题。随着乡村居民法治意识逐渐提高，许多村民在遇到纠纷时会选择用法律武器来进行解决，如选择诉讼的方式，这在一定程度上说明乡村法治取得了一定效果。除了诉讼，调解也是解决乡村纠纷的重要途径，它与诉讼并不矛盾，一定程度上，两者是相辅相成的关系。诉讼是人民法院在诉讼当事人参与下，依据国家法律程序以裁决的方式明确各方的权利义务关系，并由法院、公安、监狱、军队作为国家强制力保障实施的维权方式[①]。诉讼在乡村纠纷解决过程中发挥了不可替代的作用，由国家权力而不是第三人来解决社会冲突是诉讼的基本特征，这使诉讼具有很大的权威性。但是，我国乡村社会有着独特的风土人情、道德传统等，有时候诉讼并不能很好地解决乡村纠纷，这就决定了乡村纠纷解决多元化的发展趋势，广大乡村居民可以根据实际情况在法律允许的范围内选择适合自己的纠纷解决方式。

三、发挥道德文化对法治的引领功能

道德文化所具有的内在自律性以及外在他律性使其在乡村法治建设中发挥了重要的引领功能。道德文化是人们在长期的社会实践中形成的道德文明的文化表征，它对人们的日常生活方式和行为模式具有重要影响。在乡村法治过程中，法律与道德是调整乡村社会关系的主要规范，两者在一定程度上能够形成互补的关系，共同维护乡村社会秩序。由道德观念、道德原则和道德规范等因素构成的乡村道德文化深植于乡村日常生活的土壤，成为乡村治理秩序自发调控的根基。一定程度上，道德规范从内容上能够囊括一切规范的形式，它比法律规范的外延更为宽泛，对乡村社会关系的调整范围更广，更具有普适性。因此，有效发挥道德的引领作用能对乡村社会关系的调整起到重要作用，从而推进乡村法治进程。

① 温晓燕．乡村法治建设研究 [M]. 长春：吉林人民出版社，2021：84.

四、发挥乡村文化对法治精神的培育功能

乡村法治文化是乡村文化的重要组成部分，乡村文化的范围很广，涉及农业生产、乡村生活、乡村发展等多个方面，发展乡村文化不仅包括提升乡村居民文化程度、规范乡村居民行为方式、进行科学文化和优秀传统文化的宣传等，还包括进行对引导广大乡村居民崇尚法律、自觉维护和运用法律的法治精神和法治文化的宣传。本质上，法治精神属于社会文化中理论部分的内容，和乡村文化都属于社会主义文化建设的重要组成部分。要发挥乡村文化对法治精神的培育功能。需要做好以下几点，如图 4–8 所示。

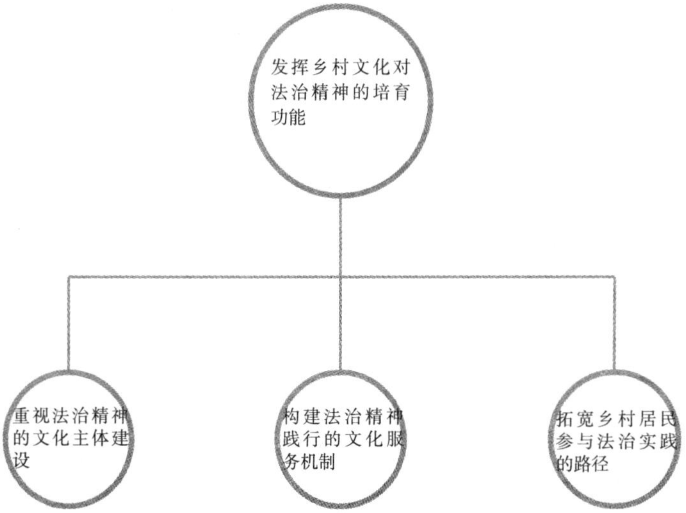

图 4–8　发挥乡村文化对法治精神的培育功能

（一）重视法治精神的文化主体建设

作为乡村文化主体的乡村居民是乡村法治的内在动力，乡村基层政府要充分发挥乡村居民的主观能动性，帮助乡村居民加深对法律的认识。乡村基层政府要对乡村基层法治文化资料和文化产品进行补充，组织乡村居民进行相关法治文化的学习，结合乡村居民在实际生活中的需求，通过纠纷调解、秩序维护、文化服务等公共事务管理引导乡村居民重视法律，通过法治化程序引导乡村居民自觉维护自己的合法权益。乡村居民能够通过学习和与公共服务进行良

性互动领悟到乡村文化的内涵和法治精神的精髓，养成宣扬法治精神、践行法治精神的良好习惯，这样他们的文化素养和法治素养都得到有效提升。

（二）构建法治精神践行的文化服务机制

在乡村法治体系构建过程中，要发挥乡村文化对法治精神的培育作用，还需要构建践行法治精神的文化服务机制。乡村居民遇到纠纷时，可能会由于对诉讼有认知上的偏见、担心诉讼成本、担心审理过程漫长等原因而对诉讼产生排斥心理，这会使法治精神在具体落实中遇到一定的阻碍。这就需要有关部门在乡村法治体系构建的过程中构建起促进法治精神践行的相关文化服务机制，在乡村文化建设的过程中实施法治文化惠民工程，建立公益法律援助制度，为乡村居民提供法律知识咨询、法律文书起草、诉讼代理等法律服务，使法治精神真正深入乡村居民的生活、走进乡村居民的内心。

（三）拓宽乡村居民参与法治实践的路径

实践是认识的来源与基础，法治精神的培育离不开实践活动的土壤。对乡村居民法治精神的培育不能仅仅停留在对法治知识的认识层面，乡村居民只有在法治实践中才能取得更为深刻的认知。在乡村文化的建设实践中，乡村基层政府和村委会要因地制宜，积极搭建乡村居民参与法治建设的文化平台，为村民创造更多的法治体验机会。比如，让有诉讼经历的村民现身说法，在乡村基层组织的文化活动中讲述自己的诉讼经历和与此相关的法律知识；组织村民代表到地方法院参加典型案例的旁听；创建和维护社区法律援助组织，等等。这些举措不仅能够帮助村民形成办事依法、遇事找法、解决问题用法、化解矛盾靠法的法治思维，不断增强他们的法治意识，还能进一步促进乡村社会的公平正义，避免产生由人为因素造成的社会不公平现象。此外，在法治实践中，乡村基层政府和村委会也要不断提高依法行政的自觉性，充分发挥村级干部的率先垂范作用，通过上下联动、多措并举在整个乡村社会将法治精神弘扬开来。

第五章

“三治融合”的现代化乡村法治体系构建的侧重点

第一节 推进乡村基层依法执政和依法行政建设

在现代化乡村法治体系构建过程中，乡村基层政府和村委会要加快推进乡村基层治理现代化，逐步探索以法治为核心，自治、德治为辅助的“三治融合”治理体系。其中，推进乡村基层依法执政和依法行政建设是重点之一。

一、基层党组织的依法执政概述

法治建设在我国多个层面都有体现，依法执政和进行党内法治建设是政党层面的主要内容。以党内法治带动国家法治、政府法治进而带动社会法治应当是当下中国实现法治最为可行的一条路径①。基层党组织在乡村法治的多元化体系中是最主要的领导力量，乡村法治化建设需要基层党组织发挥引领作用，乡村基层党组织的依法领导和依法执政是实现乡村法治化的基础。

（一）加强党组织对乡村治理的领导地位

中国共产党是我国乡村治理的领导力量，在构建现代化乡村法治体系的过程中，党组织的领导地位要得到加强。具体来说，应建立乡村两级党组织集中统一领导的具体制度。具体制度的制定要根据不同区域乡村社会发展的实际情况来具体分析。有关部门应在对乡村社会的政治、经济、文化等各方面情况进行深入调查研究的基础上，结合《中华人民共和国村民委员会组织法》来制定基层党组织的领导制度，明确基层党组织在乡村法治中的领导地位，确保在党组织的统一领导下，各类乡村社会组织的作用都能得到充分发挥，乡村的依法治理能力得到提升，其应有的功能得到发挥。

（二）创新党组织在乡村法治中的领导机制

领导机制是确保乡村基层党组织在乡村法治中发挥领导作用的重要保障。

① 伍华军 . 论党内法规的基本范畴 [J]. 法学杂志，2018，39（2）：55-62.

传统模式下，基层党组织在乡村法治中主要发挥的是管理方面的功能，服务功能较弱。新形势下，要发挥基层党组织在乡村法治化建设中的领导作用，就需要改变和创新基层党组织对乡村法治的领导机制，提倡服务型政党的建设。在基层服务型党组织的建设过程中，基层党组织功能发挥逻辑从依靠“行政”转向依靠“社会”，空间上也从“公权”空间转向“社会”空间。在乡村基层服务型党组织的建设过程中，党组织、基层政府和村民自治组织三者的服务职能界限应该有所区分。乡村基层党组织发挥服务功能时，应该保证乡村基层政府和村委会等其他主体的服务职能独立。乡村基层党组织运用法治、民主制度和程序引导乡村基层政府和村民自治机构为乡村社会提供公共服务产品，而非自身直接提供。在乡村社会公共服务体系方面，乡村基层党组织利用其拥有的资源，包括组织、干部、党员等人才资源，领导建构和完善乡村社会公共服务体系。

（三）实现党组织在乡村法治中的依法执政功能

乡村基层党支部成员或其他党员通过村民民主选举的方式或其他合法方式进入村民自治组织或成为村委会下设的各委员会的负责人只是基层党组织依法执政的开始，乡村法治的民主决策、民主管理及民主监督阶段更是考验基层党组织依法执政能力的重要环节。在村民自治活动的每个阶段，基层党组织及党员个人都应该积极发挥依法履行自治职能和行使自治权利的先锋模范作用。自治权的行使应该严格按照法律规定的程序，努力将国家法律的规定和党组织的政策与乡村社会民众普遍遵守的行为准则相结合，使法律和政策在乡村平稳实施。基层党组织对乡村民众参与的各类村庄自治活动承担指导责任，一方面应将国家法律规定村民自治的法治建设理念和措施以及上级党组织的指示精神贯彻到村民群体中，动员和鼓励党员干部运用法治意识和法治思维引导村民依法进行自治过程中的民主选举、民主决策、民主管理以及民主监督等环节；另一方面应将村民的合法利益和要求向上反映，为上级党委和政府对乡村法治化治理进行科学决策提供依据。

二、基层政府的依法行政概述

各级政府能否依法行政是衡量一个国家是否为法治国家的重要标准。乡村基层政府在我国政权体系中处于最末端的位置，而在依法行政中处于最前沿的位置，他们与乡村群众的联系最为密切。乡村基层政府依法行政具有重要意义，在一定程度上反映了政府依法行政的整体水平和法治建设的整体进程。乡村基层政府作为乡村法治的主要责任主体，主要责任就是依法行政。

乡村基层政府自身法定职权的明确是乡村基层政府依法行政的前提，有关部门需要在对国家法律法规、相关部门的规章制度、各地方性法规等进行综合梳理分析的基础上，对乡村基层政府在乡村法治中所拥有的行政职权范围进行规定。乡村基层政府所拥有的行政职权范围大致包括处罚、强制、裁决、监督以及指导等，且相关的法律制度规范对于乡村基层政府行使行政权力都有明确的程序要求。乡村基层政府应该在法律规定的范围内，以法律制度规定的程序严格行使行政权力，不能超越权限行使权力，不能滥用权力，也不能不作为。

三、推进乡村基层依法执政和依法行政的具体策略

在乡村治理过程中，推进乡村基层党组织依法执政和乡村基层政府依法行政的具体策略如图 5-1 所示。

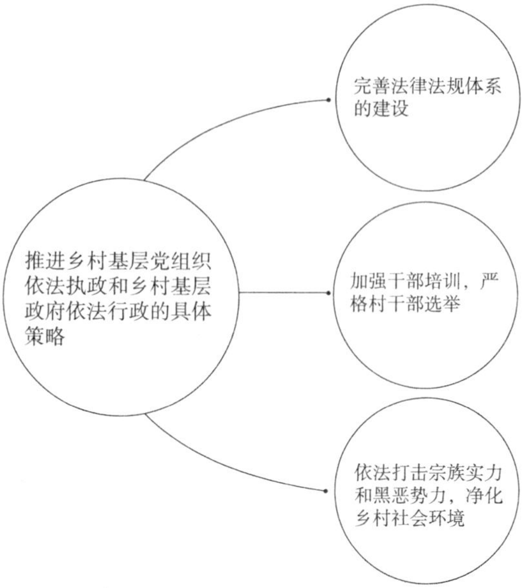

图 5-1　推进乡村基层党组织依法执政和乡村基层政府依法行政的具体策略

（一）完善法律法规体系的建设

面对乡村地区无法可依的局面，最有效的办法就是完善法律法规体系，让一切有法可依。具体做法包括以下几个方面。

一是结合党的二十大报告中关于城乡融合发展的提议，健全相关法律法规制度，统筹城乡资源均衡配置，从社保、养老、医疗等多方面入手，让乡村居民真正感受到被尊重、被重视。

二是出台相关法律明确乡村集体所有制下的财产归属问题，明确承认村集体经济组织的法人地位，确定乡村土地的所有权，公平合理地分配村集体资产，保障全体村民的合法权益。

三是针对现行的农村宅基地转让、出租和出售问题，从国家层面上进一步保障农村宅基地和农民承包土地的合法性，结合地方政府颁布的相关地方性法规，明确村民转变户籍的条件。村民一旦将户籍从农村迁移出去就不再享受土地承包权，只享受农村宅基地的使用权，无买卖权，将农村宅基地的流转限制在农村户口范围之内。

（二）加强干部培训，严格村干部选举

针对村干部的乱作为和不作为现象，以及村干部滥用职权引发的一系列恶果，应该从以下几个方面对村干部进行培养和再教育，严格村干部的选举。

一是要严格落实村民选举制度，坚决杜绝村干部在选举过程中操纵选举的行为。乡村基层政府应对村民提交的选举名单进行考核，将那些明显不适合当村干部的人员清除出去，保留那些有文化、有能力的候选人，优化村干部的选举流程。

二是加大对村干部基础素质的培养力度，从工作方式方法上入手。乡村基层政府每年定期或者不定期对村干部进行集中培训，用真实案例提高村干部的工作能力，扭转他们的思维模式，使他们清楚当下的局势和过往的情形相比有什么区别，让他们在不断学习中锻炼出一套正确的工作方法，并以此推进乡村司法建设。

三是加强对村干部法律意识的培养。司法体系的培养应该是长期性的、有目的的，对村干部的培训应重点抓法律意识培训，对村干部进行普法宣传教育，让他们懂得法律是一个国家国泰民安的先决条件，是任何人都必须遵守的铁律，谁触犯了法律都会受到严厉的处罚，从而在村干部的心中树立法

律至高无上的观念。

四是强化村干部运用法律的形式风格。村干部在处理村民矛盾纠纷时应合理运用法律，做到知法、懂法、守法、用法，让村民知道法律是保护他们的，法律对任何人都是公平的，培养村民的法律意识。

五是将村干部的留任权交给村民，让村民决定村干部的去留问题。这样做能打破无能者占据高位、有志者无处下手的局面，让村干部的工作业绩成为他们去留的唯一标准，形成庸者下、能者上的局面，从而真正激发村干部用心管理村子的信心和决心，这样才能更好地推动乡村法治建设。

六是加大对村干部行使职权或者权力监督与问责的力度，推进乡村事务管理法治化、程序化和规范化，积极谋求公开、公平、公正，让村干部在行使职权或者权力的过程中，自觉接受组织监督、法律监督、群众监督、舆论监督，把权力关进制度的笼子里，同时让权力行使不当或者违法行使职权的村干部依法承担法律责任，使村干部提高自身的法治观念和法律素质，增强法治自觉性。

（三）依法打击宗族势力和黑恶势力，净化乡村社会环境

要想整治宗族势力和黑恶势力，就要将长期措施和临时措施结合起来，形成一整套完整的方案。具体方法有以下几种。

一是结合国家扫黑除恶相关法令的规定，对长期以来盘踞在村子里的黑恶势力进行严厉打击。这种打击不应是临时的，而应是定期的、规范化的、制度化的，要让所有黑恶势力闻风丧胆，再也不敢心存侥幸。

二是要对村干部进行问政，对村集体财产进行定期清查，对村子里出现的违规建筑进行核查，询问村民对于村里出现违章建筑是否知情，是否存在自家土地被侵占的情况。对于已经出租的土地也要每家每户进行调查询问，摸清楚是否存在恶意隐瞒的情况。

三是村子里的一系列政务要公开，要让村民知晓村子里的一切大事，尤其是村集体财产的清单、村民土地征用的详情、国家下发的各类文件等，要充分保证村民的知情权。很多不法商人就是利用村民对外界信息的不知情来骗取村民信任，骗走他们的财产。公示国家相关文件有助于村民保护自身利益，也有利于推进乡村司法建设。

四是以各乡村为基础建立联防机制，让公安力量和村里符合条件的村民都参与联防工作，用最大的决心和毅力保证村民的生活不被打扰，保证村民的

合法权益不受到损害。

五是运用高科技手段加强对各村的巡察力度。除了建立联防队直接巡查，还应配备监控设备对各村进行全天候的保护。例如，在各村的主要道路和街口安装监控摄像头，在村子的公示栏或邮箱处安装必要的联系装置，这样村民有任何问题都能及时与联防队进行联系。

第二节　增强乡村居民法律意识

要想推进乡村“三治融合”现代化乡村法治体系的构建，就必须增强乡村居民法律意识。乡村居民只有尊法、学法，才能更好地守法、用法，这就能为下一阶段的治理工作打下坚实的基础。

一、增强乡村居民法律意识的重要意义

（一）增强乡村居民法律意识是全面依法治国的重要要求

全面依法治国是国家治理的一场深刻革命，关系党执政兴国，关系人民幸福安康，关系党和国家长治久安，是新时代在习近平法治思想引领下坚持党的领导的生动实践。2018 年中央一号文件首次提出“建设法治乡村”一词。2019 年 6 月 11 日，司法部、全国普法办在全国部署开展“法治乡村建设”活动。当前，我国乡村分布广、乡村居民人口基数大、城镇化尚在进行中等现实情况决定了建设法治乡村成为全面依法治国的重要要求。为此，党的十九大报告提出“加强农村基层基础工作，健全自治、法治、德治相结合的乡村治理体系”；党的二十大报告提出“建设覆盖城乡的现代公共法律服务体系，深入开展法治宣传教育，增强全民法治观念”。党的二十大报告强调，当前，我国“全面建设社会主义现代化国家，最艰巨最繁重的任务仍然在农村”。可见，如果没有广大乡村、没有广大乡村居民观念的现代化，就没有整个国家的现代化。全面推进依法治国根基在乡村，难点在乡村，希望也在乡村。实践中，法

治乡村建设应坚持以法治中国建设为目标，以习近平法治思想为引领，以党的领导为根本保证，以社会主义核心价值观为内核，着力于广大乡村居民这个法治乡村建设的重要实践主体，重点培育乡村居民尊法、学法、守法、用法的现代法律意识，在健全现代化乡村法治体系的同时，运用法治方式提升乡村治理能力，这是全面推进法治乡村建设、全面推进依法治国、实现良法善治的内在要求，也是全面建成社会主义现代化强国的坚实基础。

（二）增强乡村居民法律意识是推进乡村振兴战略的重要保障

2020 年 3 月，中央全面依法治国委员会印发《关于加强法治乡村建设的意见》，首次明确了法治乡村建设的目标，阐明了法治乡村建设的内容，确定了法治乡村建设在乡村振兴中的重要地位。当前，全面推进乡村振兴要着力加强法治乡村建设，法治乡村建设是全面推进依法治国的基础性工作。党的二十大报告提出全面推进乡村振兴，这就要求建设法治乡村，培养乡村居民现代法律意识与民主政治观念，营造乡村现代化法治环境，通过法治实现乡村经济、政治、文化、生态及社会统筹发展，加快建设社会主义现代化国家，切实增强乡村居民的获得感、幸福感、安全感。因此，建设法治乡村既是切实推进乡村振兴战略的重要内容，又是落实乡村振兴战略的重要保障。国家和政府在推进乡村振兴战略、实现乡村经济振兴的同时要促进乡村居民自身的现代化，作为乡村振兴实践主体的乡村居民只有具备了现代化法律意识，才能实现自我全面发展，才能有力推动现代化乡村治理体系建构并在实践中予以完善，才能带动农业生产转型升级、乡村社会发展进步，从而全面推进乡村振兴，加快农业农村现代化。所以，法治乡村建设与乡村振兴的价值追求高度一致，在实践工作中相辅相成、同向促进。

（三）增强乡村居民法律意识是提升乡村治理能力的有效手段

近年来，中央颁布的一系列关于乡村建设的政策文件都突出了法治乡村建设在推进国家治理现代化中的基础作用。实践中，以法治乡村建设为战略抓手，有助于解决当前新形势下面临的众多挑战，从战略高度把握住乡村治理的发展规律，有效推进现代化乡村法治。因此，法治乡村建设是运用法治方式提升基层现代化治理能力、遵循法治轨道推进国家治理体系现代化的有效手段。2020 年 12 月 7 日，中共中央印发了《法治社会建设实施纲要（2020—2025

年）》，提出法治社会建设的总体目标为，到 2025 年“八五”普法规划实施完成，法治观念深入人心，社会领域制度规范更加健全，社会主义核心价值观要求融入法治建设和社会治理成效显著，公民、法人和其他组织合法权益得到切实保障，社会治理法治化水平显著提高，形成符合国情、体现时代特征、人民群众满意的法治社会建设生动局面，为 2035 年基本建成法治社会奠定坚实基础。可见，增强乡村居民法律意识是法治社会建设的重要内容。因此，乡村基层政府应在乡村社会的经济、文化等一切活动中注重培育乡村居民法律意识，将乡村居民的生产生活行为都纳入法治化、规范化轨道，用法治方式来管理基层事务，建成基层政府与广大乡村居民共建共治共享的乡村社会，推进法治乡村建设，构建现代乡村社会治理法治化格局，推动乡村社会治理更加科学高效，使基层治理模式转型与结构优化日渐平衡发展，为国家治理现代化注入强大的生机和动力。

二、增强乡村居民法律意识的具体策略

乡村基层政府要加大法律宣传力度，采取多样化宣传方式，结合真实案例，向群众宣传法律及宪法知识，切实增强乡村民众的法律意识，推进法治社会建设。增强乡村居民法律意识的具体策略如图 5-2 所示。

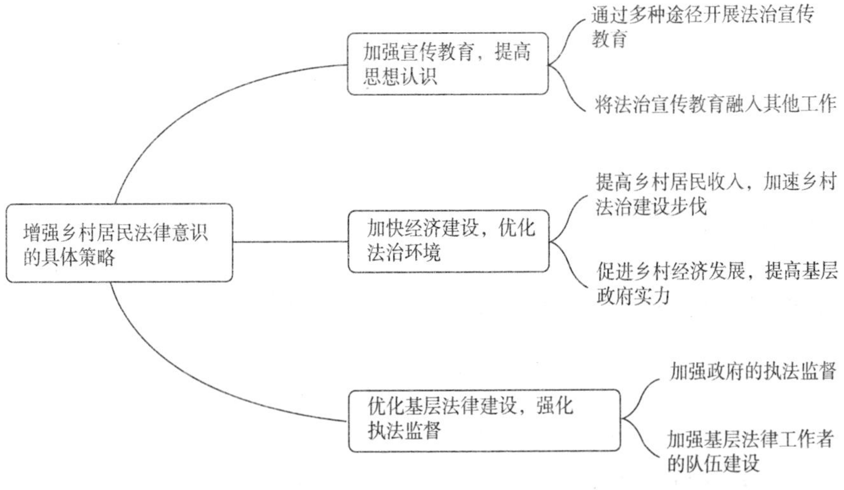

图 5-2　增强乡村居民法律意识的具体策略

（一）加强宣传教育，提高思想认识

深入开展法治宣传教育，提高乡村居民的思想认识是乡村法治的重要内容。现代化乡村法治体系的构建是一项系统工程，乡村基层政府应采取积极有效措施，加强法治宣传教育，提高乡村居民的整体法治素养，这对现代化乡村法治体系的构建具有重要意义。

1.通过多种途径开展法治宣传教育

（1）常规化开展法治宣传教育

首先，为推进法治宣传教育工作常规化，乡村基层政府可以按照网格化模式开展乡村法治宣传教育。网格化模式是指将乡村社区按照一定规划划分为若干个网格，以网格为单位开展法治宣传教育工作，每一个网格可以配备一位或两位网格员。网格员的主要职责是处理网格内发生的各种事务，主要包括乡村法治宣传教育工作计划、乡村法治宣传教育工作进展、乡村法治宣传教育工作落实情况等，争取做到法治宣传工作精细化、准确化和高效化。如果要监督乡村法治宣传工作的实际情况，可以另外设置网格监督员，对乡村法治宣传教育工作情况进行记录和监督。网格员和网格监督员的设立有助于乡村基层政府真正深入乡村居民内部了解法治宣传教育情况，将法治理念和法治思维通过网格员更好地传达给乡村居民，使乡村法治宣传教育落到实处，切实达到提高乡村居民法律意识和法治素养的目的。

其次，乡村基层政府还可以围绕法律主题日来开展乡村法治宣传教育。通过法律主题日的形式来进行乡村法治宣传教育活动能使法治宣传教育的主旨更加明确和清晰，还能够提高乡村法治宣传教育的实效性。例如，3 月 15 日为国际消费者权益日，4 月 15 日为我国全民国家安全教育日，4 月 22 日为世界法律日，6 月 26 日为国际禁毒日，12 月 4 日为我国国家宪法日。在这些节日开展形式多样的法治宣传教育活动，能得到很好的宣传教育效果。

最后，乡村基层政府可以针对不同群体开展法治宣传教育。有针对老年人的普法宣传教育，也可以有针对中年人、青年人的普法宣传教育。对于中年人和青年人来说，他们的业余时间较少，唯有多听、多看、多想才能加深他们的印象，所以乡村基层政府可以在他们的日常生活和工作中融入普法宣传教育，如在他们购买农用种子时宣传《中华人民共和国种子法》，在他们购买生活用品时宣传《中华人民共和国消费者权益保护法》，等等。而对于一些文化

水平较低的中年人和青年人来说，扫盲班、培训班的开设是很有必要的，乡村基层政府应从文化知识入手，破除他们的封建迷信观念，再以日常中的一些常识和趣闻提高他们对科学的兴趣，然后慢慢地引入一些生活中经常能够用到的法律小常识，引起他们的共鸣，在他们的心里植入尊重法律的概念，同时通过一些真实案例的讲解，帮助他们理解相关法律知识。

（2）通过传统媒体开展法治宣传教育

首先，乡村基层政府可以通过本地的民生类和法治类报纸对乡村居民开展法治宣传教育。民生类报纸内容比较贴近乡村居民的日常生活，可以在此类报纸上开辟法治类专栏，对乡村居民进行法治宣传教育；法治类报纸更具专业性和针对性，对一些法律知识的解答、法律案例的分析更具权威性，利用法治类报纸开展法治宣传教育时要注意宣传内容的全面性以及连续性。

其次，乡村基层政府可以通过当地广播对乡村居民开展法治宣传教育。广播是乡村的重要传播媒介，乡村居民中有不少人特别是老年人有收听广播的习惯，所以乡村法治宣传教育要充分发挥广播的法治宣传教育功能。

最后，地方电视台也是法治宣传教育的重要媒介。地方电视台可以多策划一些关于法治宣传教育的节目，结合本地实际情况制定具有地方特色的宣传机制和宣传方案。收看电视节目是广大乡村居民比较喜爱的娱乐休闲方式。作为同时传播图像和声音的媒体，与报纸和广播相比，电视节目进行法治宣传教育的传播范围更广，传播效果也更好。

（3）通过新媒体开展法治宣传教育

新媒体是进行乡村法治宣传教育的新形式，微博、微信公众平台、网站等新媒体在现代化乡村法治体系的构建过程中起到了重要作用，具体途径如下文所述。

首先，乡村基层政府可以利用微博进行法治宣传教育。微博的形式比较便捷，影响力较大，传播范围也比较广。在宣传教育过程中，乡村基层政府要注意对法治宣传教育内容进行选择，还要多关注微博收到的点赞和评论，与粉丝进行一定的互动。

其次，乡村基层政府利用微信公众平台开展法治宣传教育时，要注意对微信公众平台栏目的设计和规划，栏目的划分要合理，内容对乡村居民要有吸引力，案例的选择要贴近乡村居民的日常生活。可以通过以案例引出法律知识的形式，将乡村居民的日常生活与法律知识联系起来；也可以通过开展一些线上答题活动与乡村居民形成互动，使广大乡村居民在答题的过程中增进对法律知识的了解、增强法律意识。

最后，建立专业法治宣传网站也有利于丰富乡村法治宣传教育的形式。网站各栏目的设置要充分体现地方特色和乡村法治的特点，内容要贴近乡村居民的实际生活需要，从而深化乡村民众的法治观念，增强乡村民众的法治意识。

2. 将法治宣传教育融入其他工作

乡村法治宣传教育要与乡村基层治理的其他工作充分融合，真正做到将法律知识渗透乡村居民的日常生活。乡村基层政府要将乡村治理过程中的各项工作进行统筹整合，树立综合治理、全面治理的观念，将法治宣传教育与扫黑除恶、禁毒、土地管理等中心工作相结合，大力宣传与经济社会发展、群众生产生活密切相关的法律法规。此外，乡村基层政府应促进法治宣传教育与乡村纠纷调解相结合，通过对法律知识进行传播，帮助乡村民众树立遵守法律、崇尚法律、依法办事的观念，有力推进法治工作的开展；针对存在的对民事法律法规了解匮乏导致的家庭、邻里纠纷等情况，应以各乡村调解室为平台，调解过程中坚持以事实为依据、以法律为准绳，耐心向当事人讲解法律知识，以案释法，依法说事，做到调解一案、教育一片，既化解了矛盾，又促进了社会和谐。

（二）加快经济建设，优化法治环境

要想从根本上扭转乡村居民法律意识薄弱的现状，就要大力发展乡村经济。经济基础决定上层建筑，经济发展得越快，人们学习文化知识的时间越多，所需要付出的成本就越小，学习的兴趣就越大；经济发展得越快，人们手中的余钱越多，能够购买的物品就会越多，人们对自身利益的重视程度也会越高；经济发展得越快，人们就越忙碌，接触外界社会的频率就会越高，与此同时他们就会逐渐发现法律用途的广泛，就会自觉学习法律知识。因此，经济发展的滞后是乡村居民法律意识薄弱的内因，而社交的闭塞和文化程度较低则是乡村居民法律意识薄弱的外因。内因往往是根本原因，如果不解决内因，即使解决了外因也无法从根本上扭转现状。

1. 提高乡村居民收入，加速乡村法治建设步伐

只有收入增加了、物质生活丰富了，乡村居民才会有时间和精力投身法律知识的学习和法治实践活动。首先，要提高乡村的综合竞争力。每个乡村都

有自己独特的经济和文化资源，有着自己的优势和劣势，在发展过程中，乡村基层政府要注意扬长避短，克服乡村发展中的短板，大力开发和利用乡村的特色资源，利用乡村独特的优势走出一条可持续发展之路。其次，要与周边乡村发展友好关系。乡村在发展过程中要多多与周边乡村发展友好关系，积极主动向周边的优秀乡村学习。乡村基层政府可以邀请优秀乡村的代表到当地来参观指导，向他们取经，通过交流共享先进经验和理念，力求为乡村的发展摸索出一条平坦之路，争取早日带领乡村居民走出困境，拥抱美好、幸福的生活。最后，要推进乡村科学化发展。乡村经济的发展要想永远保持旺盛的生命力，就要紧跟时代的步伐，加速经济发展科学化，充分利用各类资源，带动乡村经济平稳、快速发展，让大家过上舒适的好生活。

2.促进乡村经济发展，提高乡村基层政府实力

乡村基层政府实力的提高除了依靠国家的大力扶持和社会企业对责任与义务的承担，也离不开乡村经济发展的贡献；而乡村基层政府实力的提高又会反作用于乡村，让乡村的发展有保障。首先，乡村经济的发展有助于实现乡村发展良性循环。乡村经济的进一步发展不仅能提高乡村居民的生活水平，还能有效提高政府的实力、丰富政府的创收来源、提高基层组织的财政收入、解决政府的财务问题、提高政府的综合调控能力，从而使政府能够合理利用资源，扶持一些较为落后的乡村，带动各村走上共同发展之路。其次，乡村经济的发展能为乡村法治基础建设提供保障。只有乡村法治建设不断发展，法治的队伍更加强大，法律的宣传渠道和路径更加广阔，乡村居民才能够更方便、更近距离地接触到法律人员和法律机构，在需要时就可以寻求法律的帮助。这样法治在乡村就能更加顺利地发展，依法治村的目标离实现又近了一步。总之，乡村经济实力的提高无论对乡村居民还是基层政府都是有益的，乡村基层政府和村民委员会要把握好乡村经济发展的方向和力量，不遗余力地推动乡村产业经济的优化升级，让经济为法治建设提供坚实的后盾与不竭的动力。

（三）优化基层法律建设，强化执法监督

1.加强政府的执法监督

科学、民主的法律出台后，如果不能被正确执行，就是一纸空文，难以

发挥其应有的作用。培根曾提出：“一次不公正的裁判，所招致的恶果可能会超过十次犯罪，因为犯罪虽然冲撞了法律，但那不过是污染了水流；而不公正的审判，是破坏了法律本身，如同污染了水源。”[①] 因此，完善执法监督机制，规范执法程序，杜绝徇私枉法、违法执法，通过正确的司法执法行为，引导乡村群众树立法律意识乃当务之急。如果法律工作者执法时缺少监督，那么徇私枉法、违法执法的情况出现的概率就会上升，再加上乡村群众相对缺乏法律意识，违法乱纪的现象就可能增加，法律的权威性就会被削弱，所以完善执法监督机制不能被忽视。要建立健全执法监督体系，上级机关就要定期到乡村进行巡查走访，通过乡村群众了解执法人员的执法情况，同时设立举报电话，让乡村群众参与执法监督的活动，从而使他们更好地了解法律，这也有助于乡村群众法律意识的增强。孟德斯鸠在《论法的精神》中指出：“一切有权力的人都容易滥用权力，这是一条亘古不变的经验。有权力的人会无休止地使用权力，直到有界限的地方为止。”[②] 因此，有关部门要完善执法监督体系，加强乡村的执法权力监督力度，注重权力间的制约，提高执法司法的透明度。这样有助于乡村群众感悟法律的公平、公正，尊法、学法、守法、用法，最终有利于乡村群众法律意识的增强和法律信仰的确立。

2. 加强基层法律工作者的队伍建设

乡村群众法律意识能否增强的关键是基层法律工作者如何宣传法律，如何开展普法工作，如何引导广大乡村群众尊法、学法、守法、用法。因此，有关部门要大力加强基层法律工作者的队伍建设，提高乡村基层干部和执法人员的素质。乡村基层的行政执法范围非常宽广，涉及公安、工商、税务、土地、水利、民政、计生等行政执法部门，且执法频率较高。这些行政执法部门与乡村群众的生活息息相关，如果基层干部和行政执法人员不依法行政，乡村群众的合法权益就会受到侵害，法律的权威性就会受到损害，所以有关部门要提高乡村基层干部和执法人员的综合素质，规范他们的执法行为，加强对基层司法工作人员、行政执法人员的职业道德教育、现代法治观念教育和法律知识教育；要严格基层法律工作者的准入制度，努力培养一批综合素质高、业务素质强、肯吃苦耐劳、能服务基层的法律工作者。只有这样才能避免那种以言代

① 培根．培根随笔 [M]. 尹丽丽，译．哈尔滨：北方文艺出版社，2017：164.

② 孟德斯鸠．论法的精神 [M]. 申林，编译．北京：北京出版社，2007：67-68.

法、以权代法、违法执法的现象；才能使乡村群众相信法律，增强乡村群众的法律意识，使乡村群众自觉学法、用法、守法，从而夯实依法治国的基础。另外，有关部门要健全乡村司法机构，提升乡村法律服务工作水平。设立于乡村的人民法庭、司法所、人民调解委员会要经常于各村巡回进行服务，方便乡村群众，切实解决乡村群众告状难、打官司难、维权难的问题。有关部门还要大力发展乡村基层律师、公证等法律服务资源，努力帮助乡村群众了解法律、运用法律，让乡村群众学会用法律去约束自己的行为、维护自己的权利；营造良好的法治环境，树立法律权威，从而切实增强乡村群众的法律意识。

第三节　构建高效普惠的乡村公共法律服务体系

只有构建了能够惠及我国绝大多数乡村地区的公共法律服务体系，才能让乡村群众的法律意识落到实处。我国目前处于高速发展时期，经济实力快速增强，社会结构也发生了一些改变，变化之一就是原本占据我国人口较大比例的乡村人口近年来逐步缩减，由 2008 年的约 7 亿、占比约 54% 锐减到 2021 年的约 5 亿、占比约 35%。同时我国农村地区的产值却并没有因人口减少而降低，农民增收渠道反而因交通、技术等一系列情况的好转而持续拓宽，农村发展动能持续增强。在这个乡村局面不断更新的时期，乡村公共法律服务体系构建仍面临一些客观挑战。

一、乡村公共法律服务体系的发展情况

乡村公共法律服务体系的发展情况主要表现在以下两个方面，如图 5-3 所示。

图 5-3　乡村公共法律服务体系的发展情况

（一）专业性需求强劲

法律服务是一项严苛的服务，从事此服务的人员都需要具备相当的专业水准，尤其是法律援助、司法鉴定等项目，更不能出现一点失误，否则会给好不容易建立起来的司法信用体系造成不可逆转的影响。在乡村经济发展越来越快的今天，很多乡村群众已经意识到当他们的利益受到损害时可以通过法律的方式维护自身权益，而且随着我国司法体系的改革，法律援助的费用也是一降再降。

在这种背景下，乡村公共服务体系对专业性的要求越来越高。在我国广大乡村地区，当代农民对法律的需求范围越来越广，如《中华人民共和国森林法》《中华人民共和国野生动物保护法》等这些日常生产生活中有可能会用到的法律以及《中华人民共和国商标法》《中华人民共和国公司法》《中华人民共和国保险法》等这些在扩大经营的过程中可能会用到的法律都是他们所需要的。乡村地区的需求日益庞大，对复合型法律人才的需求愈发迫切，对人才专业性的要求也越来越高。

（二）公共法律服务资源配置不均

受城乡发展二元经济结构影响，我国城乡经济发展不平衡，城乡法律资源分配不均且差距较大，如律师事务所大多集中在城市和县区，且乡村司法工作人员和法律服务工作者的数量有限，工作质量方面存在不足，不能满足乡村群众对法律服务的需求，从而在一定程度上影响了乡村公共法律服务的开展。

二、乡村公共法律服务体系构建存在瓶颈

（一）乡村公共法律服务效能未能发挥到最大

乡村公共法律服务体系的效用要想发挥到最大，受众人群就必须有理解、接受法律的能力。目前我国广大乡村地区的普遍情况是青壮年外出务工，老弱妇孺在村子里留守，甚至大部分人都已经搬走，村子里只留下小部分人。留守人员多数文化程度不高，知识水平有限，对于法律服务效能的理解也十分有限。

此外，信息网络的差异性也是限制法律服务效能发挥的一个重要因素，各乡村现有的管理方式不统一，信息资源共享程度低，这导致信息采集、资料整理都有较大阻碍。很多地区无法享受到网络信息服务的便捷，而公共法律服务人员又无法深入各地区进行面对面的辅导，这严重打击了群众咨询的热情。

（二）法律服务规范化不到位

法律公共服务平台是在统一标准、统一监督之下搭建的，无论是服务流程还是服务方向都应保持一致性。但我国目前的情况是从省到市、从市到县、从县到乡各级平台的运行机制不统一，很多地方存在差异性，尤其是广大乡村地区，群众急需法律援助时需要办理的手续较为复杂，牵涉的地域和部门又分散，这给群众带来的不便十分明显。

（三）公益性与财政不足的矛盾

全国范围内建立的公共法律服务体系目前仍是以各地区的司法部门为主体，而司法部门自身的工作量又十分庞大，进行公共法律服务较为力不从心，地方政府管理体系又无法有效介入这项服务；一些地区的地方财政收入匮乏，公共法律服务工作难以推进，如果无法得到地方政府的补贴，参与公共法律服务的专业人士的积极性就会大打折扣。

因此，乡村地区的公共法律服务体系的建立需要解决的是能否长久维持下去的问题。如果这一问题无法解决，乡村公共法律服务体系就无法给真正需要法律服务援助的群众提供必要的服务，甚至还会打击他们寻求法律帮助的积极性。

三、针对乡村公共法律服务体系构建过程中遇到的问题的解决办法

面对乡村地区公共法律服务体系存在的这些问题，要想从根本上进行解决，就需要采取更加积极的方式，解决办法如图 5-4 所示。

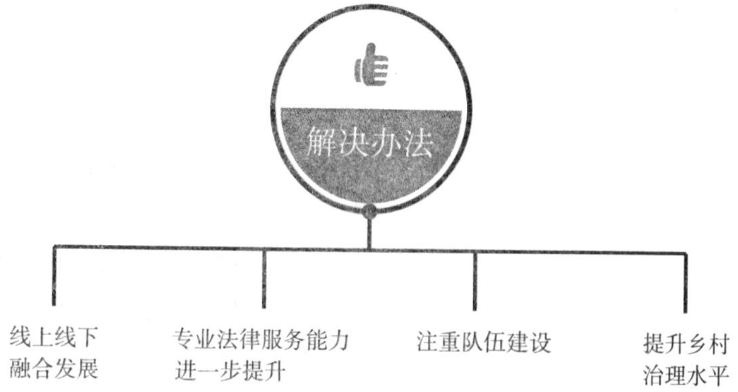

图 5-4 针对乡村公共法律服务体系构建过程中遇到的问题的解决办法

（一）线上线下融合发展

借助互联网的强大优势进行服务是当今遇到资源不足的情况时可以采取的有效措施。乡村地理位置偏远，专业的法律服务援助平台和各地方专业的法律援助队伍可以通过互联网进行串联，从而在各乡村统一建立起法律援助小站，配置一到两台电脑，乡村群众就可以通过文字留言、视频连线等方式进行网络咨询。这种方式更加方便、快捷，而且所耗费的资金也更少。

线上的连接是为了给遇到问题的群众提供解决问题的办法和方案，而线下的连接则是通过政府在各乡村设立的法律服务援助站进行，这类援助站对专业性要求较低，可以招募更多的志愿者参与其中。这些志愿者只需要帮助乡村群众在最短的时间内到达所需到达的部门、机构即可，甚至可以将行走路线、所需材料以及相关部门的电话号码提前告知群众，这样就能节省很多时间。

（二）专业法律服务能力进一步提升

要想在线上建设法律服务援助平台，专业化的团队建设必不可少。采用了线上连接的方式后，专业化的团队就能够突破地域限制，可以是周边城市的

法律援助队伍，也可以是更加遥远的其他城市的法律援助队伍。从形式上也避免了诸多限制，既可以是一整个队伍来进行法律援助，又可以是由经验丰富的个人进行法律援助。无论是家庭纠纷还是劳资纠纷，都能在网上通过法律手段得到解决，这样既能避免乡村群众浪费时间与金钱，又能在不浪费国家司法资源的情况下解决矛盾。

（三）注重队伍建设

即便线上线下的连接方式有诸多便利，但对于法律援助团队的建设依旧要保持高标准、严要求，对于司法准入的审核不能有一丝马虎。一个小小的疏忽可能就会让好不容易搭建起来的平台成了可有可无的摆设。首先，每一个法律援助的程序都要严格对待，每一位法律援助人员的条件都要仔细核查。其次，对法律援助人员工作的监督同样不能松懈。乡村群众对于法律知识本就不够了解，在问询的过程中可能会因理解困难而出现急躁的情绪，这时就是考验法律援助人员素质的最佳时机。有关部门和工作人员要做好对法律援助人员工作的监督，对于法律援助人员处理的案件要详细记录在案，每月进行比对，要做到案案有记录、件件有台账，要经得起审核、对得起百姓；同时要完善奖励机制，将有限的资源用在最需要的地方，对于表现突出的人员要给予奖励，对于没有按照规定办事的人员要进行处罚。一定要严肃纪律，这样才能让乡村公共法律服务体系走得更远。最后，要增强乡村群众的法律意识。如果乡村群众法律意识淡薄，没有形成依靠法律维护自身权益的观念，那么所搭建的法律服务体系将无用武之地。乡村群众法律意识越强，他们就越能将自己的问题表达出来，越能找到真正有用的解决办法。

（四）提升乡村治理水平

除了上述解决办法，还可以从内因和外因的角度解决问题。内因是事物发展的根本，外因是事物发展的表象，内因决定外因的发展。要想建设覆盖乡村范围的公共法律服务体系，乡村的治理水平也要有所提升。村干部是村一级行政机关的核心，是村民解决问题的主心骨，村民有问题的时候第一个想到的就是村干部。在司法专业人员不足、经费欠缺的情况下，可大力培养村干部的法律知识素养，发挥村干部的能动性，让村干部协助处理村民的法律问题，这样就能有效推进村民问题解决的进度，从而提升乡村治理水平。

四、针对发展瓶颈完善公共法律服务体系构建

（一）法律服务专业化建设的兜底性保障

要将以人民为中心的发展思想落到实处，就要在乡村公共法律服务体系构建中既保障基本服务，又兼顾地方需求、加强专业建设。应让公共资源发挥最大化效能，法院、检察、公安、司法等力量下沉，从而形成定期法律指导、案件解决机制，建立相应的联系点，安排专门的联系人；依托村法律顾问、调委会、治保室等现有条件，建立乡村公共法律服务工作室；完善政府购买公共法律服务机制，将公共法律服务产品纳入政府购买目录，纳入政府基本公共服务保障体系，尤其是不断健全人民调解个案补贴、法律援助案件补贴、村级法律顾问服务补助等制度，逐步建立与经济社会发展水平相适应的公共法律服务政府投入动态增长机制，以实现公共法律服务的公益性和可持续性，并发挥专业法律服务的优势，实现诉求解决合法、合情、合理，让基层善治理念深入人心。此外，应统一顶层设计，规范基层公共法律服务。市一级司法部门应做好牵头工作，规范市、县、乡、村四级公共法律服务平台服务范围、服务流程、服务内容、监督运营机制，逐步探索公共法律服务规范化体系构建的群众需求方向和内在发展规律，以适应乡村发展需要；在区域协调、部门协作上探索合作机制，在基层治理多网融合上出实招，先从技术层面入手，再从工作机制上突破，打破条块化管理模式，实现资源共享，提高工作效率，及时回应群众诉求；加强乡村公共法律服务宣传，让群众了解便民措施，知道操作流程，提高群众知晓度、认可度。

（二）乡村公共法律服务建设与基层治理有机结合

要将乡村公共法律服务建设与基层治理有机结合，主要有以下几点措施。

一是积极主动出击，搭建线上线下平台可以从根本上扭转资源配置不足的情况，而且更多专业性司法人员的加入也能让办案流程更加简单明了。一些乡村群众法律知识匮乏，很多时候他们想要通过司法渠道解决问题，却因没有收集到足够的证据而使官司失败。这类平台的搭建就能很好地解决此类问题，更加专业的辅导能够帮助乡村群众提前准备好充足的材料，让乡村群众有了捍卫自己合法权益的机会，也能够让乡村群众重新燃起对法律服务人员的信心。

二是基层治理中积极运用公共法律服务平台，将平台纳入基层调解、综治维稳、群众信访工作机制中，发挥合力，根据具体案件、情况综合运用。农村自治组织应主动对接法律服务，取长补短，一方面发挥自身在解决群众难题方面的优势，另一方面通过运用法律不断提高自身解决纠纷的能力，使群众更加信赖自己，实现良性循环，从而实现依法治国与以德治国在基层的结合。在这一过程中，乡村基层党组织应发挥其核心作用，一是加强领导，统一协调，根据群众和具体情况的不同需要，在基层治理中发挥统筹全局、协调各方的作用；二是保障治理依法有序进行，在基层治理中，法治是底线，有序是善治的保障，只有以此为前提，基层治理的效果才能体现，群众的参与热情和积极性才不会被打击。

三是班子建设是关键。有关上级部门应加强对这方面的指导，尤其是在民主选举的过程中，应有意考察既懂法律又会治理的“能人”，鼓励其参选乡村自治组织，参与基层治理。

第四节　健全自治、法治、德治相结合的乡村治理体系

党的二十大报告指出：“全面建设社会主义现代化国家，最艰巨最繁重的任务仍然在农村。”党和国家必须充分发挥法治对乡村振兴固根本、稳预期、利长远的保障作用，要多项并举，坚持自治强基、法治护航、德治润心，助推更高水平的法治乡村建设。健全自治、法治、德治相结合的乡村治理体系是实现国家治理现代化的基础，也是实施乡村振兴战略的重要环节。要建立以自治为基础的治理格局、以法治为核心的治理保障、以德治为滋养的治理支撑，实现“三治融合”的乡村治理体系的有机统一。

一、以自治为基础的治理格局

乡村自治与法治和德治相比，具有相对的独立性和灵活性。构建乡村治理体系需要建设以自治为基础的治理格局，具体来说，需要从以下几个方面着手，如图 5-5 所示。

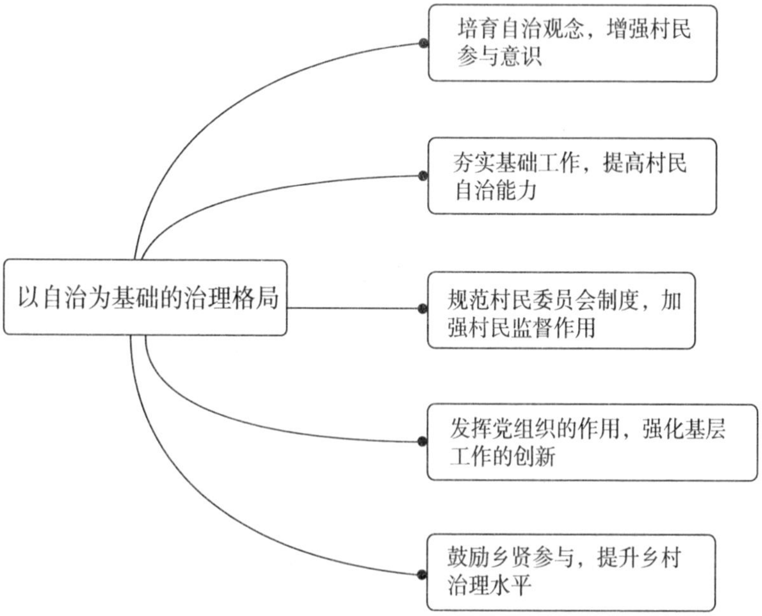

图 5-5 以自治为基础的治理格局

（一）培育自治观念，增强村民参与意识

村民自治机制建设与村民自身权益休戚相关，村民是这些制度的主要参与者和直接受益人，也是这一过程中最强大、最活跃的推动力。村民能否自觉发挥自身的强大推动力，很大程度上与他们所持的观念先进与否相关。因此，增强村民的民主法治意识至关重要。在村民自治工作中，有关部门和人员要积极引导村民学法、懂法，了解自己的权利，依法维护自己的权利，自觉守法，依法履行作为村民在上缴国家税费、服兵役、维护集体财产、执行村民会议决定、遵守村民自治章程等方面的义务；要通过多种形式加强民主法治教育，向村民传递更多的新观念、新信息，帮助他们更新观念、跟上新时代的步伐，培育他们的主人翁意识，使其自觉、主动地参与村民自治，以自己的实际行动和努力建设美好家园、创造幸福生活。

（二）夯实基础工作，提高村民自治能力

发展村民自治是建设以自治为基础的治理格局的重要环节，有利于促进

乡村关系的稳定和国家的长治久安。村民自治具有非常重要的作用，原因是村民是最了解自己所居住的乡村的情况的人，发展村民自治能够调动广大村民的积极性和主动性，培育他们参与乡村事务的能力，有利于村民利益的协调和村民主体地位作用的发挥。在村民自治建设过程中，乡村基层政府要注意做好以下几方面的基础工作。

首先，要对村民自治的相关制度进行完善。乡村基层政府要给予村民充分的自治空间，保障他们在村民代表大会和基层党组织会议中充分行使权利。只要在法律允许的范围内，乡村基层政府就尽量不要对村民进行过多干预，应在完善村民自治章程的基础上充分发挥村民自治作用，提高村民的自治能力。

其次，要大力推进村民自治民主化。村民自治民主化能够有效防止腐败现象发生，乡村基层政府要改革和完善村民自治，推进民主选举、民主决策、民主管理和民主监督四项核心内容建设。村民自治民主化的重点在社会生活领域，这一点要在以自治为基础的治理格局的建设中充分体现出来，也就是说乡村群众要能够自主选举或罢免村委会干部，对生活中涉及的事务能够自主进行决策，能够自主选择自己的生活方式，能够参与乡村内部事务的处理。在民主监督方面同样要加强村民的自我教育和自我监督，使其民主性得到充分发挥，实现对乡村事务和社会行为的监督。

最后，村务工作要及时公开。乡村基层的村务工作要做到透明化，一些事务如乡村基础设施建设、工程承包、学校建设、宅基地申请等要及时向广大村民公开，让村民清楚乡村事务的处理情况并有效发挥其监督作用。一旦发现村务隐秘不公开、村干部弄虚作假的现象，村民就可以及时向有关部门反映，让有关部门成立监督小组对村务管理进行调查。如果信息存在遗漏或者不真实的情况，村民应监督村委会重新公布。以上工作有助于村民增强对村委会的信任，从而更加积极地参与乡村治理，为以自治为基础的治理格局的建设打下坚实基础。

（三）规范村民委员会制度，加强村民监督作用

村民委员会是村民自我管理、自我教育、自我服务的基层群众性自治组织，它是实现乡村治理的重要载体，在乡村治理体系构建过程中的重要性不言而喻。要实现村民自治、维护基层人民群众的基本利益，就要对村民委员会制

度进行进一步规范，加强村民监督作用。

首先，要对村民委员会的选举制度进行规范。村民委员会的民主选举是实现村民自治的前提，也是乡村治理建设过程中不可忽视的重要环节。在村民委员会选举过程中，上级有关部门要尽量避免现实利益、家族观念等种种不利因素的影响，采取一定措施保证选举的公平性和公正性，选举程序要规范化。在村民委员会选举开始之前，上级有关部门应设置专门的监督小组，监督小组成员可以由乡村基层领导人员、乡村基层人大代表、有关部门人员、村民代表等组成。监督小组负责对整个选举流程进行监督，防止不正当行为和不公平竞争现象发生。选举过程中，上级有关部门要保证所有参与村民委员会选举的候选人都进行竞选演讲，并有专门人员做好相关记录工作。此外，乡村基层政府要加强对村民委员会的监督，特别是对村民委员会成员选举的监督，事前要对候选人进行各方面的调查，考察其是否符合竞选的条件；事中要坚持程序的规范性，严格秉持公正、公开、透明的原则，防止以权谋私、营私舞弊等破坏选举的现象发生；事后要做好反馈工作，对选举产生的村民委员会成员的工作表现和业绩进行综合考察、评定。

其次，要提高村民委员会成员的治理能力。村民委员会成员的思想和水平直接影响乡村治理的效果，因此，村民委员会成员要在社会实践活动中不断学习，提高自己在乡村治理方面的水平和能力。村民委员会成员可以和相邻村落合作组织乡村治理交流会，交流学习乡村治理方面的先进经验，相互取长补短，共同促进乡村治理建设的发展。此外，村民委员会可以选取村民成员中一些威望高、人缘好、办事公平公正的人作为村民代表，对村民委员会的日常工作进行评价，提出意见和建议。

最后，要加强对村民委员会的监督。对村民委员会的监督和约束离不开考核制度的完善，村民委员会应通过定期举办民主会议的形式，组织乡村群众踊跃参加，对村民委员会成员的履职情况进行综合评判。对表现突出、工作能力出色的村民委员会成员，村民委员会要给予奖励；对多次评审不合格、表现不好的村民委员会成员，村民委员会要给予批评，严重的应终止其职务。另外，对涉及乡村群众切身利益、关系到乡村发展的各项事务，村民委员会要及时对乡村群众公开，自觉接受乡村群众的检查和监督。

（四）发挥党组织的作用，强化基层工作的创新

要建设以自治为基础的治理格局，就要充分发挥乡村基层党组织的作用，促进党组织的规范化建设，强化乡村基层工作的改革和创新。

首先，基层党组织成员要对自身的责任有清晰的认识。基层党组织成员在日常工作中要自觉遵守各项规章制度，履行自己的职责，清楚什么可为什么不可为。基层党组织的奖惩制度要明晰，要把星级评定作为基层党组织内部示范点建设、评先评优、年度考核等的指标，基层党组织成员星级评定工作要与年度党建目标考核、基层党组织评先评优、村干部绩效、工作经费支出等各项工作挂钩。对获得星级命名的党员干部，基层党组织应给予相应的奖励；而对那些工作不力的党组织干部，基层党组织应给予警示提醒，严重者应降星级。这样不仅能让基层党组织成员把工作办好，还能在一定程度上推动基层工作的创新，使基层党组织的作用得到更好发挥。

其次，基层党组织成员要在基层党组织的领导下，对村规民约进行改进。基层党组织成员应牵头，召开村民会议，对包括村民自治、乡风民俗、环境保护、扫黑除恶、奖励处罚等在内的村规民约进行完善和改进；实行以民治村、以村治村，为对乡村治理有贡献的村民设置专门的光荣榜进行表扬奖励，对有损村民利益的行为也要在特定的公示栏中进行公示，进行相应的惩罚。另外，基层党组织要通过定期开展文明乡风村风方面的公开评比活动，引导群众、党员自律自省，激发乡村群众的自治意识，实现乡村的高度自治。

最后，基层党组织成员要在法律规定范围内充分发挥其能力。基层党组织要在法律允许的范围内正确发挥基层党组织成员的作用，建设能够让他们充分发挥能力的平台，使他们可以轻松上阵，不用承受太大压力。例如，从各方面考虑，选出优秀的基层党员，进行培训考核、规范管理；对于一些能力不是很强的党员干部，督促他们进行学习，以提高服务水平和群众满意度；等等。此外，基层党组织要成立乡村治理相关工作小组来维护乡村的长治久安和社会稳定。对于工作小组的成员，基层党组织要给予他们权力和责任，使他们在管理村中事务时能够指引群众并凝聚力量，在群众中树立良好形象，以此来强化基层党组织的治理能力，从而基层党组织能全面开展乡村治理工作，建设文明和谐的平安村。

（五）鼓励乡贤参与，提升乡村治理水平

所谓乡贤，指的是本乡有德行、有才能、有声望、有影响力，对乡里公共事务有所贡献而被民众所推崇敬重的在野士人，以地域、德行、才学、名望、社会成就为基本特征①。乡贤是乡村社会中乡村群众认可度比较高的群体，他们生于乡村，对乡村的历史文化和生活习俗比较了解。让乡贤参与乡村事务的管理和重大问题的决策，能够架起政府和村民之间沟通的桥梁，实现政府领导和村民自治组织之间的有效沟通和良性互动，推动乡村治理工作顺利开展。

1. 大力弘扬乡贤文化

乡贤文化是中华优秀传统文化的重要组成部分，是扎根于中国传统乡村社会，以乡村、乡情、乡愁、乡贤为核心元素的一种文化现象，它是一个地域的精神文化标志，也是联系故土、维系乡情的精神纽带。乡贤能够发挥其楷模作用，对周围人群发挥影响和辐射作用，激发健康向上的正能量，是乡村建设中的一笔宝贵的精神财富和道德资源。在乡村治理过程中，乡村基层政府要重视乡贤文化的建设，大力弘扬乡贤文化。各乡村可以通过成立乡贤研究会、组织开展乡贤宣传教育、举办乡贤论坛等活动，深入乡村挖掘乡贤人物的先进事迹、乡贤文化的价值内涵等，并进行展览宣传。各乡村要充分利用民族民间文化资源，开发具有民族传统和地域特色的民间工艺项目、民间艺术和民俗表演项目，培育一批乡土文化能人、民族民间文化传承人，大力弘扬乡贤文化，彰显乡村文化的特色和魅力。

2. 重视新乡贤的力量

新乡贤与旧时代的乡贤有根本区别，新乡贤不但传承了传统乡贤崇德向善的优良品质，而且能够践行社会主义核心价值观，在乡村治理过程中德才兼备，能够用实际行动发挥示范带头作用。特别是在近些年逆城市化趋势的带动下，乡村地区涌现出了一大批新乡贤。他们大多具有一定的社会地位，视野开阔，怀着反哺家乡的初衷携技回乡，为乡村的发展带来新思维、新技术。在乡村治理中，乡村基层政府要充分发挥新乡贤的作用，为基层治理增添新的活力；要完善乡村基础设施与公共服务设施建设，通过体制机制的完善，打造良

① 邓辉，陈伟．乡贤文化的前世今生 [M]. 湘潭：湘潭大学出版社，2016：6.

好的社会环境，让乡村留得住乡贤；要大力弘扬乡贤文化，增强村民的认同感和荣誉感，这有助于让村民主动参与乡村治理，并吸引和聚集其他成功人士，共同为乡村建设出谋划策。

3. 构建乡贤数据库

为便于弘扬乡贤文化、开展乡贤活动，乡村基层政府应按照行业、特长等分类对本土乡贤建档立卡，构建相关的乡贤数据库，了解乡贤的工作现状、具备优势、所处地域、生活境遇等。为了方便乡贤更好地为乡村治理建言献策，乡村基层政府应充分利用新兴媒体，突破地域和时间障碍，拓宽乡贤与基层政府之间的信息交流渠道。乡村基层政府可建立相关网站和微信群，定期向乡贤发送慰问信息、通报家乡发展大计、传递乡音乡情，搭建家乡与乡贤之间的沟通桥梁；应借助新兴媒体，适时宣传留守乡贤的事迹，使村民及时了解乡贤外出学到的新技术、新思想，从而更好地发挥乡贤的示范引领作用。此外，为提高新乡贤回归的概率，乡村基层政府要充分利用节假日外出村民返乡的机会，开展乡贤走访慰问活动，了解乡贤的工作动态、发展方向、回乡意愿；尝试举办乡贤联谊活动和“引老乡、回故乡、建家乡”活动，凝聚乡亲乡情并号召在外优秀乡贤回乡创业，激发新乡贤的荣誉感、归属感、责任感、使命感。

4. 建立乡贤激励机制

乡贤一般较为熟悉国法村规、通晓乡村的人情世故，并且掌握丰富的知识技能，拥有一定社会资源，能够践行公共道德。吸引乡贤参与乡村治理能为乡村生活增添文化气息，带动乡村群众科学生产，帮助乡村群众创新自治。乡贤激励机制的构建能鼓励和吸引有远见、有智慧、有担当、有号召力且愿意扎根乡村的新乡贤群体以行动回报乡村，积极参与公共服务、投资基础设施、试水现代农业、探索产业转型。乡村基层政府要在产业、项目方面为乡贤的回归牵线搭桥，为外出乡贤的资金、技术、信息、回乡提供便利条件和有力支持；要开展“杰出乡贤”的评选表彰活动，对在乡村治理中发挥重要作用和为乡村的稳定、和谐、发展做出突出贡献的乡贤，按照“遵纪守法、品德优良、为人正直、处事公平、群众认可”的标准进行表彰奖励，以他们为模范典型，带动村民进步。基层党组织对评出的新乡贤要给予适当照顾，在符合条件的前提下吸收入党，让他们有更强的荣誉感和责任感，从而继续服务乡村；要支持有意愿的乡贤通过换届选举进入村“两委”班子。乡村基层政府要以村歌、村志、宗谱、功德碑、乡贤榜等形式，把乡贤的功绩记录在册并传承下去，以激励更多乡贤关心家乡发展并参与乡村治理。

二、以法治为核心的治理保障

法治是构建现代化乡村治理体系的基石、保障，只有用法律来维护乡村群众的基本权益，用法律来处理乡村治理过程中的问题，才能保障乡村生活稳定祥和，为乡村的高速发展保驾护航，如图 5-6 所示。

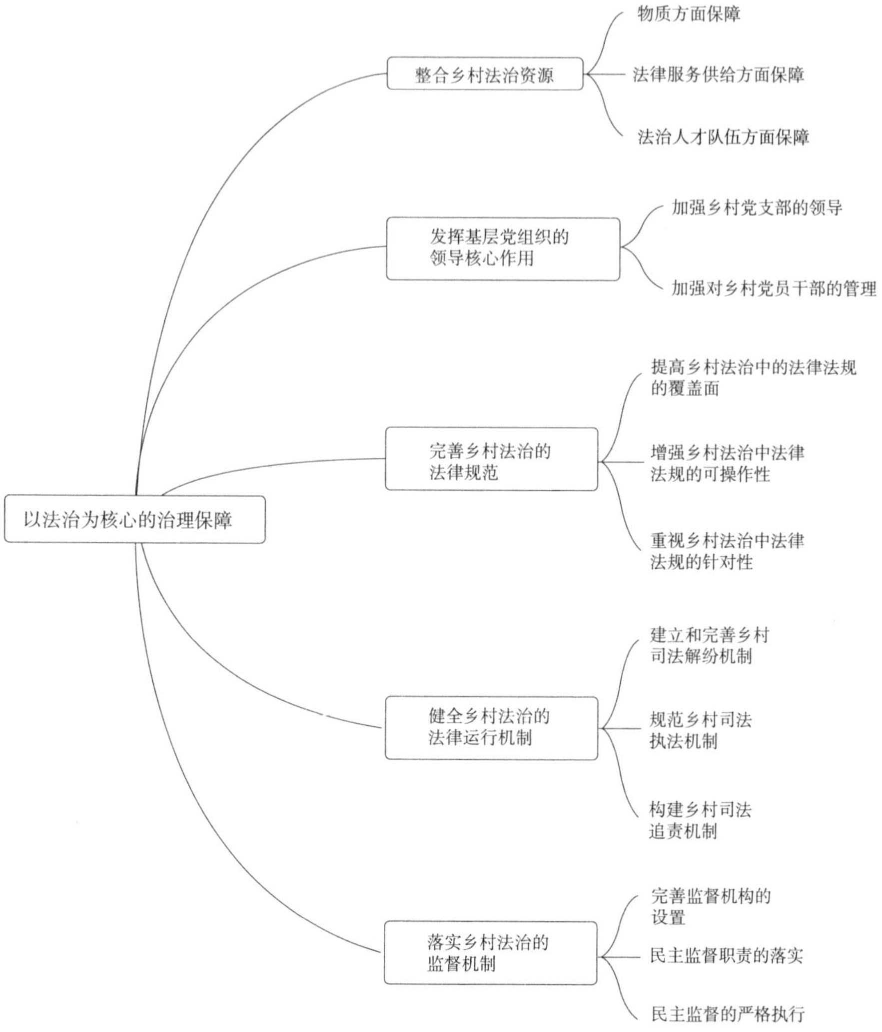

图 5-6　以法治为核心的治理保障

（一）整合乡村法治资源

乡村社会治理法治化进程的推进需要物质、法律服务供给、法治人才队伍等方面的有力保障。

1. 物质方面保障

我国于2006年全面取消农业税，加大了对乡村地区直接和间接的财政投入。随着乡村振兴不断深入推进，乡村的生产生活环境得到了很大改善，乡村群众的生活水平得到了很大提高。乡村治理法治化需要国家在物质方面的大力支持。乡村基层政府应科学统筹国家支农资金，使资金合理地向乡村法治建设的相关重点项目倾斜。国家应联合乡村基层政府设立乡村依法治理的专项投入，发挥专项资金的聚集效应，集中力量办大事，为乡村法治建设提供财力支撑。此外，乡村基层政府要加强对涉农资金的监管，程序上透明化对乡村的财政投入和资金流动、使用情况，避免基层贪腐行为动摇乡村法治建设的根基。

2. 法律服务供给方面保障

乡村社会法治化需要在法律服务供给方面保障的加强。首先，要加强乡村司法基础设施建设。我国乡村基层存在司法机构不够完备、基础设施条件较差、人员配备不齐全等情况，针对这种情况，有关部门要重视乡村基层司法建设，加大投入，进一步扩大基层法庭、司法所等司法机构的覆盖范围，改善其基础设施条件，增加相关工作人员配备，等等。其次，要加强乡村法律服务的供给。随着乡村经济发展，乡村社会矛盾也日益复杂，基层司法机构有时候不能完全满足乡村群众在法律服务方面的需求，因此有关部门有需要加强乡村法律服务方面的供给，以满足乡村群众的实际法律服务需求，为广大乡村群众提供全方位的法律服务。最后，要提供具有针对性的乡村法律服务内容。有关部门要全面了解乡村社会主要涉及的法律问题，提供的法律服务要贴近乡村群众的日常生活需要，要能够有效解决乡村群众的法律问题。有关部门应鼓励县城律师事务所的触角向乡村地区延伸，可以在乡村设立临时的律师事务办理处、律师业务拓展点等；还可以通过为乡村群众开设司法咨询服务台、司法服务热线电话等方式，帮助乡村群众解决法律问题。

3. 法治人才队伍方面保障

在乡村法治建设中，法治人才队伍是重要的基础和保障。首先，要加强对乡村基层法治人才的培养。有关部门要对乡村基层政府党员干部、司法人员以及其他工作人员定期开展相关法治知识的培训，提高其法治意识和法治水平，打造一支专业化、正规化、科学化的乡村基层法治人才队伍。其次，要完善乡村基层法治人才的相关制度。有关部门一方面要建立公开、透明的人才选拔、任用、提升机制，通过严谨科学的用人机制使乡村基层的优秀法治人才得到充分肯定和重用，激发其努力工作的热情，留住人才；另一方面要通过提高基层法治人才的待遇、增加福利补贴等措施引进人才，通过优惠措施吸引高学历、高素质的法治专业人才投身于乡村基层法治建设中。

（二）发挥基层党组织的领导核心作用

基层党组织要在乡村法治建设中发挥领导核心作用，就需要加强乡村基层党支部的领导和对乡村党员干部的管理。

1. 加强乡村基层党支部的领导

乡村基层党组织是乡村社会一切事务顺利开展的核心保障，是现代化乡村法治体系构建中总揽全局、协调各方关系的重要桥梁和纽带，也是实现乡村广大群众当家作主的根本保证。只有加强了乡村基层党支部的领导，才能发挥基层党组织的领导核心作用，才能有效调节乡村发展与乡村群众多样化需求之间的矛盾，才能有效推进现代化乡村自治、法治、德治的融合发展，促使乡村走向法治之路。要加强乡村基层党支部的领导应从以下几点入手。首先，要坚持党对一切工作的领导的原则，这意味着不仅要加强党组织在新型乡村社区建设的核心作用，还要发挥党组织在推进乡村新经济组织、新服务型社会组织及其他民间组织中的领导作用，壮大乡村基层党组织力量，发挥其强大的政治领导力和凝聚力，以统一共识、发挥合力，推进乡村振兴战略的实现①。其次，要进一步完善乡村基层党支部的政治功能和组织协调能力。一方面，乡村基层党支部要结合乡村治理中的实际情况，对党支部的规章制度、运作机制进行优

① 袁金辉，乔彦斌. 自治到共治：中国乡村治理改革 40 年回顾与展望 [J]. 行政论坛，2018，25（6）：19–25.

化完善，提升其组织活力，促进其政治功能和组织协调能力的有效发挥，为现代化乡村法治体系的构建提供保障；另一方面，乡村基层党支部要明确职责。乡村基层党支部可以设立现代化乡村治理专项工作小组，对小组成员的职责进行细化，发挥其应有效能，调动广大乡村民众的积极性和主动性，集多方力量为现代化乡村法治体系的构建提供动力支持。

2.加强对乡村党员干部的管理

在乡村法治过程中，基层党组织要加强对乡村党员干部的管理。首先，乡村党员干部要树立以人民为中心的理念，进一步提高服务意识，积极发挥领导干部的模范带头作用，科学组织和引导广大乡村群众参与乡村治理工作；要注意提高综合素质，不断学习，提高自己的政治素养、法律素养和思想道德水平，获得更多乡村民众的支持，为现代化乡村法治建设的顺利开展提供帮助。其次，基层党组织要进一步完善乡村党员干部制度机制，通过对乡村党员干部成长机制、激励机制、培训制度等相关制度的优化，调动广大乡村党员干部的积极性，使其以更大的热情投身到现代化乡村治理工作中。

（三）完善乡村法治的法律规范

在乡村法治过程中，立法机关需要进一步完善法律法规，扩大法律法规的覆盖面，优化其可操作性、针对性。

1.提高乡村法治中的法律法规的覆盖面

有法可依是乡村法治建设的基础和前提，立法机关应建设科学完善的乡村法律规范体系，推进现代化乡村法治建设的进程。一方面，要为社会组织参与乡村治理提供立法方面的保障。要发挥社会组织在乡村法治建设中的积极作用，就需要对社会组织的职能定位、运行规则以及其参与乡村法治的行为准则从法律方面进行进一步明确。我国目前还没有针对社会组织的专门性的法律，只是在《社会团体登记管理条例》等行政性法规中对社会组织的职能定位、工作内容做出了相关规定。因此，立法机关应该加快对乡村合作经济性组织、乡村社会服务性组织等相关社会组织的立法进程，加强对其规范管理和保护，以完善的法律体系来健全社会组织参与乡村法治的制度化渠道，发挥其在现代化乡村法治中应有的作用。另一方面，要对村民自治行政诉讼立法方面进行完善。这样，当合法权益受到侵犯时，村民就能利用相关法律来维护自己的合法权益，村民自治的相关问题也能够通过法律得到解决，从而实现自治和法治的有机统一。

2. 增强乡村法治中法律法规的可操作性

在乡村法治过程中，立法机关要将法律法规的内容具象化，增强其可操作性。首先，要对各治理主体的职权范围进行详细划分。其一，对村民自治委员会的职权范围和乡村基层政府的职权范围进行进一步明确。立法机关应通过《中华人民共和国村民委员会组织法》以及其他地方性法规对属于村民自治范围、乡村基层政府职权范围的事项进行明确界定，明确各自权责，使各方依据法律法规进行治理。其二，对基层各行政部门的职权内容进行划分，明确执法责任。其三，对村“两委”各自的职责进行进一步的规范划分。其次，针对乡村法治过程涉及的村“两委”的选举、村干部的任免、村务公开等方面应进行立法程序方面的完善，使治理行为的各个环节都能实现规范化、制度化，各治理主体能依法有序开展工作。

3. 重视乡村法治中法律法规的针对性

在乡村法治过程中，法律法规的制定要具有针对性。我国乡村社会受历史因素和现实情况的影响，其发展有自己的特点，因此乡村法律法规的制定要符合乡村社会的实际情况和现实发展的需要。在进行乡村方面立法时，立法机关要做好充分的调查研究，将乡风民俗、乡村民众的思想观念和价值取向等因素都纳入考虑范围之内，形成具有中国特色的因地制宜的现代化乡村法治体系，增强法律法规在解决乡村实际问题方面的针对性，推进乡村法治的发展。

（四）健全乡村法治的法律运行机制

在乡村法治过程中，有关部门需要健全各项法律运行机制，建立和完善乡村司法解纷机制、规范乡村司法执法机制、构建乡村司法追责机制，建设公正高效、严肃权威的法治体系。

1. 建立和完善乡村司法解纷机制

乡村法治应在坚持依法治理的前提下开展，规范有效的乡村司法解纷机制的建立和完善有利于保障乡村法治的有序推进。乡村基层法院及其派出法庭在严格按照法律法规行使法律审判职能时，可以结合乡村社会特点，采取“到户审理”“摆事实讲道理”等具体方式解决乡村群众之间的矛盾纠纷。把地方性知识与法律相融合，将乡村司法的治理功能与法律审判功能有机结合，实现纠纷解决与规则之治的良性互动，增强乡村司法依法化解乡村社会矛盾的有效性。

2. 规范乡村司法执法机制

首先，要严格规范涉农执法程序。乡村执法人员在执法过程中应将执法的相关法律依据、救济途径等告知被执法人，严格落实“谁执法、谁普法”的普法责任制度，帮助广大乡村群众了解执法程序以及合理维护自己的合法权益，推进乡村执法顺利开展。此外，乡村执法人员在执法时应主动出示与执法行为相关的有效证件和文件等，严格完善执法记录、工作上报、证据保留等环节，保障执法人员严格执法和乡村群众的合法权益不受侵犯。其次，要在严格执法的同时倡导文明执法。乡村执法人员在执法过程中要坚决杜绝暴力执法、违法执法等行为，通过倡导文明执法，切实推进乡村社会尊法、学法、守法、用法，将乡村社会治理纳入法治轨道。

3. 构建乡村司法追责机制

首先，要通过责任评价机制来进行定责。完善的司法追责机制是公平公正的司法工作和文明规范的执法工作的重要保障，能够有效激励基层司法机关、执法机关履行职责、积极作为。对执法过程中出现的不公正现象，乡村司法人员需要通过完善的司法责任评价机制来判定具体责任，维护司法公正和执法规范。其次，要完善司法责任追究程序。经司法责任评价机制定责后，乡村司法人员要持续跟进，通过完善司法责任追究程序来监督责任的有效落实。

（五）落实乡村法治的监督机制

乡村法治监督机制是推进乡村治理法治化、基层民主管理的重要内容。落实乡村法治的监督机制，坚持自上而下、自下而上、平行监督的有机结合，能更有效地激发乡村基层活力，形成安定有序的良好局面。

1. 完善监督机构的设置

从目前我国乡村发展来看，大多数乡村的监督机构不够健全，民众的监督权不能得到有效落实。因此，有关部门需要结合乡村的实际情况，满足乡村群众的监督诉求，完善乡村监督委员会以及相关监督机构，严格按照法定程序进行监督委员会成员的选举，以保证监督的顺畅有序、公正有力。

2. 民主监督职责的落实

乡村基层政府要增强乡村群众的民主法治意识，引导他们通过法治途径合理运用监督权参与监督。只有民主法治意识增强了，乡村群众才能有效参与乡村民主监督，进一步意识到民主监督与自身权益是密切相关的，推进乡村依法治理工作有效开展。

3. 民主监督的严格执行

乡村基层政府要严格执行村务公开、民主评议等民主监督形式。村务公开能从根本上遏制乡村的不正之风和腐败现象，是实现民主监督的有效措施。乡村基层干部和村委会成员要自觉接受乡村群众的监督，严格按照法律要求执行村务公开制度，保证村务公开的及时性、全面性、真实性，积极配合接受村民的查询；村民要以监督促进相关人员依法办事，推进村民自治制度化、规范化。开展村民民主评议后，对于被评定为不称职的基层干部及村委会成员，乡村基层政府要按照规定程序进行调整和采取相应措施，从而使民主监督在促进乡村依法治理中的重要作用得到真正发挥。

三、以德治为滋养的治理支撑

在现代化乡村治理体系构建中，德治是最深入人心的，其影响也是最为持久的。在乡村发展进程中，德治一直发挥着重要作用，约束着乡村多元主体的行为，调节着多元主体的利益。在现代化乡村治理体系的构建过程中，要突出德治的治理支撑功能，建立健全德治相关机制，如图 5-7 所示。

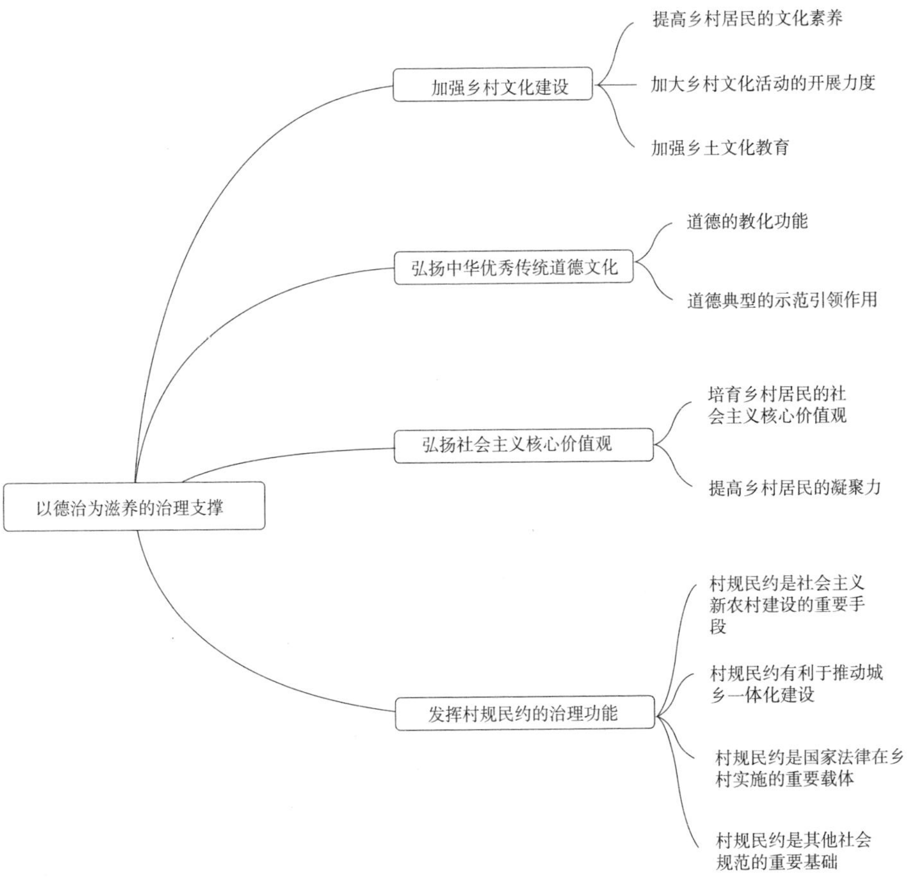

图 5-7　以德治为滋养的治理支撑

（一）加强乡村文化建设

乡村基层政府和村委会要在基层党组织的领导下，健全乡村公共文化服务体系，充分利用乡村的有利条件来提高乡村居民的文化素养，加大乡村文化活动的开展力度，加强乡土文化教育，丰富乡村居民的精神文化生活，满足其不断增长的文化需求。

1.提高乡村居民的文化素养

乡村居民作为乡村文化建设的主体，其文化素养的提高有利于加快现代化乡村治理体系的构建和乡村文化振兴。首先，要通过新乡贤的力量来实现乡村文化在发展过程中的自我修复。新乡贤是乡村公共文化建设中的重要文化资源和精神财富，其价值观念与乡村居民的道德行为规范体系更为贴近。新乡贤要积极发挥其精神道德引领作用，加强对乡村居民的道德引领，带动乡村居民文化素养的提升和思想道德水平的提高，同时要积极引导乡村精神文化完成自我修复，构建适合现代化乡村发展的乡村新文化。其次，可以通过制定相关制度对乡村居民进行约束和管理。乡村基层政府和村委会可通过制定相关规章制度、设立奖惩机制，对乡村文化建设中的典型人物进行奖励表扬，对落后行为进行惩戒，从而鼓励乡村居民自觉参与乡村文化的建设，提升乡村居民对乡村文化的认同感，提升整个乡村的向心力和凝聚力。

2. 加大乡村文化活动的开展力度

乡村基层政府和村委会要在基层党组织的领导下，充分利用乡村的一切便利条件和资源，如文化大舞台、文化剧院等，开展不同形式的乡村文化活动，将丰富多彩、形式多样的文体活动呈现给村民；还要通过开展全民阅读、经典诵读、文化科技卫生“三下乡”等文化活动提高村民的道德修养；还要丰富和创新群众性文化活动，如通过举办读书日、道德讲堂活动等多种方式来积极打造乡村文化圈，满足村民对文化的需求，丰富村民的精神世界；还可以运用新媒体与传统媒体相结合的方式来加强乡村文化建设，引导村民积极向上，继承和发扬优秀乡村文化精神，树立正确的人生观和价值观。这些手段能够增强乡村基层文化的自我发展能力和乡村社会自我创新的能力，激发社会文化团体的活力，使村民在他们喜闻乐见的文化活动中培养良好的道德素养、形成科学文明的生活方式，促进乡村公共文化建设顺利进行。

3. 加强乡土文化教育

在乡村发展过程中，许多乡土文化出现了断代甚至消失的现象，特别是一些青少年缺乏对乡土文化的了解和认同感，因此要加强乡土文化教育尤其是对青少年的乡土文化教育。乡村基层政府和村委会可以通过将乡土文化教育融入学校教育的方式加强青少年对乡土文化的了解和认可，促进青少年继承和发扬乡土文化。

（二）弘扬中华优秀传统道德文化

中华优秀传统道德文化在现代化乡村治理过程中发挥着重要作用，其道德方面的教化功能对现代化乡村治理仍然具有指导意义。我国优秀传统道德蕴含着丰富的文化养分，充分反映了我国人民的思想观念、价值取向和处世原则，对提升广大乡村居民的思想道德和价值追求具有重要意义。乡村基层政府和村委会要重视道德典型的示范引领作用。通过“最美家庭”“中华好儿女”“乡村道德模范”等形式的道德评选活动，对良好的道德榜样进行宣传，增强道德的感染力，加深乡村居民对真善美的感知，使乡村居民在日常生活中陶冶高尚情操并得以践行；要健全和完善道德标准的评价体系，包括完善道德榜样的评选标准、评选流程、奖惩办法等道德榜样评价机制，树立各项道德模范标准，吸引村民参与评选，以身边实实在在的道德模范来树立新风，营造乡村德治的良好氛围；要根据乡土人情，引导乡村建立道德评议会、红白理事会、乡贤参事会、禁赌禁毒会等道德评判组织，以此来净化不良风气，培育村民的情感认知与道德追求，切实发挥道德组织的引导作用；要发挥本地乡贤熟悉村情的优势，将其纳入乡贤参事会，使其参与乡村纠纷的化解和人际关系的协调，且乡贤本身也能起到榜样示范作用，从而引导村民崇德向善，塑造淳朴乡风。

（三）培育和弘扬社会主义核心价值观

社会主义核心价值观的培育和弘扬事关整个乡村地区的和谐稳定发展。核心价值观是一个国家社会文化的核心要素，决定着一个国家文化的性质和方向，对文化传承和社会秩序的稳定具有重要意义。改革开放以来，我国乡村社会结构经历了重大转型，原有的价值观念和行为模式不断受到冲击，而新的价值观念和行为模式并未及时确立，这也恰恰是影响乡村社会稳定的重要因素。社会主义核心价值观从国家、社会和个人三个层面明确了社会转型期我国在意识形态领域的价值观念和标准，从而能够在村民群体中构建具有普遍性的价值共识，引导广大村民的思想行动，坚定广大村民的理想信念，凝聚广大村民的精神力量，为乡村社会和谐发展奠定思想基础。在现代化乡村治理过程中弘扬社会主义核心价值观是实现有效治理、重建乡土社会秩序的基本前提。在乡村培育和弘扬社会主义核心价值观，提高村民对社会主义核心价值观的认同程度，有利于坚定村民的信仰、提高村民的凝聚力，促进乡村社会和谐稳定和健康发展。基层党组织要发挥好示范引领作用，做好社会主义核心价值观的宣传、教育以及培育工作，引导广大乡村群众弘扬社会主义核心价值观、践行社会主义核心价值观。

（四）发挥村规民约的治理功能

村规民约在现代化乡村治理中发挥着重要的治理功能，它是乡村地区法治社会建设的重要内容。

首先，村规民约是社会主义新农村建设的重要手段。社会主义新农村建设是指包括乡村地区党的建设、经济建设、政治建设、文化建设、社会建设以及环境建设等多个方面在内的全方位系统性建设。村规民约能够发扬基层民主，增强村民参政议政意识，提高村民参政议政能力，实现村民自我管理、自我服务，推进农村政治建设；村规民约能够维护集体资产分配和公私财产保护方面的公开透明、合理公平，村民能够根据实际情况共同探索、议定符合村情的经济建设模式，这样能够提高村集体经济建设水平。村规民约在中国历史上对乡村建设就起到了较大的文化治理方面的作用，这种文化治理方式在当代社会主义新农村建设中同样值得借鉴。村规民约不仅传承了中华优秀传统文化，还吸收了社会主义道德文化和法治文化，能够促进社会主义新农村的文化建设。乡村社会建设离不开村规民约的约束，村规民约可以管理社会公共事务、维护社会治安、增进村民团结互助等，使乡村社会有机合理运行。村规民约对乡村资源保护和环境建设也具有十分重要的作用，各方积极落实村规民约有助于更好地保护环境、建设美丽乡村。

其次，村规民约有利于推进城乡一体化建设。随着城乡一体化进程不断加快，我国城乡之间的差距逐渐缩小，但由于我国乡村地区地域广阔，发展程度相对较低且不平衡，城乡一体化建设仍然面临着艰巨的任务。乡村基层政府应发挥村规民约在乡村社会治理中的积极功能，通过村规民约调整乡村社会关系、明确村民权利义务、规范村民行为，不断提高乡村经济社会发展水平和村民生活水平。国家应不断消除城乡壁垒，使城乡人口、技术、资本、资源等要素相互融合、相互支持，逐步达到在经济、社会、文化、生态、空间、政策（制度）上的协调发展。

再次，村规民约是国家法律在乡村实施的重要载体。在大国法治背景下，我国东中西部地区法治基础存在较大差异，国家法律在乡村社会中的实施可能会面临许多困难，因而法治建设需要紧密结合乡村社会的实际情况进行。乡村自治是在国家法律框架下的自治，村规民约必须符合国家法律的相关规定。村规民约的制定可以以国家法律为基本参照，将法治的基本精神、价值理念、规范要求等融入村规民约之中，结合村情社情，制定出既符合国家法律又符合乡村实际的规约，对国家法律进行细化处理，保障国家法律在乡村社会的全面实施。与此同时，国家法律的制定实施应以村规民约为基础，充分考虑村规民约调整社会关系的功能，将村规民约作为国家法律的重要基础和来源。

最后，村规民约是其他社会规范的重要基础。国家法律之外的社会规范包括村规民约、市民公约、行业规范、团体章程等。这些社会规范都是基于自治产生的，在社会治理中都具有十分重要的积极作用。我国乡村社会已经积累了丰富的村规民约实践经验，其他社会规范或多或少都受到村规民约治理实践的影响。乡村自治是其他一切自治的基础，通过村规民约积累的自治经验能为其他领域或类型的自治提供借鉴，村规民约的制定实施也能为其他社会规范运行提供比较样本，村规民约是其他社会规范产生的重要基础。

总之，乡村基层政府和村委会要充分发挥村规民约在乡村生产生活中协调平衡村民利益方面的重要作用，积极利用好村规民约，根据乡村自身发展的实际情况让道德规范的内在作用逐步融入村规民约，如此才能深化村民对村规民约中道德共识的认同感与归属感，使村规民约中的道德规范真正对村民产生作用，内化于心、外化于行。

四、实现自治、法治、德治的有机统一

自治、法治、德治相结合的新型乡村治理体系是一个既紧密联系又各有侧重的有机整体，三治缺一不可[①]。“三治融合”乡村治理体系是以自治、法治、德治为核心的有机整体，在这一整体中，三者都发挥着各自不同的作用。要构建现代化乡村治理体系，只有确保三者相互促进、共同发展，才能推动乡村治理不断向前发展，如图 5-8 所示。

① 白杰峰，魏久朋 . 新型乡村治理体系：生成逻辑、治理功能和实践路径 [J]. 新疆农垦经济，2018（11）：13-18.

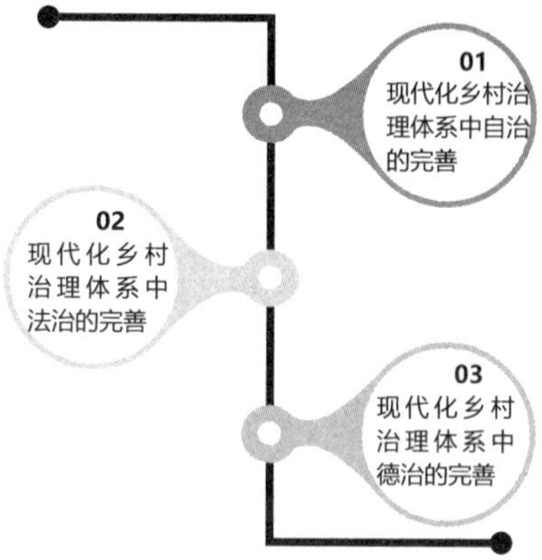

图 5-8　完善自治、法治、德治有机统一的现代化乡村治理体系

（一）现代化乡村治理体系中自治的完善

自治是健全现代化乡村治理体系的价值目标，它是推动乡村社会繁荣发展的必由之路。乡村治理有其内在复杂性：治理主体多元化、治理内容复杂化、治理方式多样化，区域性地方性特征鲜明，规范性与乡土性交融，传统性与现代性共生，稳定性与变动性并存。要顺应乡村经济社会不断发展的需要，顺应乡村人民思想观念的深刻变化，建立健全符合国情、体现时代特征、规范有序、充满活力的乡村治理机制，就必须赋予乡村治理以充分的自主性。坚持和完善基层群众自治制度，坚持因地制宜，发挥地方资源优势，顺民意、借民力、用民智，尊重群众首创精神，鼓励探索创新，将顶层设计与地方创造有机统一，是自主性得以发挥的制度基础。党的二十大报告指出，要坚持以人民为中心的发展思想。要遵循这一发展思想，健全乡村治理体系，就必须做到治理为了村民、治理依靠村民、治理成果由村民共享、治理得失由村民评判；必须把服务村民、造福村民作为出发点和落脚点；必须坚持和完善村民自治制度，在乡村治理机制构建中体现村民意志、保障村民权益、激发村民创造活力；必须为村民参与治理搭建平台、拓展渠道、丰富形式。在乡村治理中实行村民自治是中国特色社会主义民主政治在乡村治理领域的实现形式，是健全乡村治理体系的核心内容。要在乡村治理体系中实现自治，就必须坚持党的领导地位，发挥基层党组织的核心作用；创新组织设置和活动方式，持续整顿软弱涣散的乡党组织，稳妥有序地开展不合格党员的处置工作，着力引导乡村党员发挥先

锋模范作用；推行村级小微权力清单制度，加大基层小微权力腐败惩处力度；加强乡村群众性自治组织建设，健全和创新村党组织领导的充满活力的村民自治机制；推动村党组织书记通过选举担任村委会主任；发挥自治章程、村规民约的积极作用；全面建立健全村务监督委员会，推行村级事务阳光工程；依托村民会议、村民代表会议、村民议事会、村民理事会、村民监事会等，形成民事民议、民事民办、民事民管的多层次基层协商格局；积极发挥新乡贤作用；推动乡村治理重心下移，尽可能把资源、服务、管理下放到基层；继续开展以村民小组或自然村为基本单元的村民自治试点工作；加强乡村社区治理创新；创新基层管理体制机制，整合优化公共服务和行政审批职责，打造“一门式办理”“一站式服务”的综合服务平台；在乡村普遍建立网上服务站点，逐步形成完善的乡村便民服务体系；大力培育服务性、公益性、互助性乡村社会组织，积极开展乡村社会工作和志愿服务。

（二）现代化乡村治理体系中法治的完善

法治是健全乡村治理体系的应有之义。乡村治理中的村民自治是法治基础上的自治。村民委员会是基层群众性自治组织。这为乡村治理实行村民自治提供了基本法律依据、搭建了组织平台、畅通了实践路径。《中华人民共和国村民委员会组织法》规定，村民委员会是村民自我管理、自我教育、自我服务的基层群众性自治组织，实行民主选举、民主决策、民主管理、民主监督。这为村民自治的运行提供了顶层设计和方向指引。自治需要法治加以规范与保障。乡村基层政府应坚持法治为本，树立依法治理理念，强化法律在维护村民权益、规范市场运行、支持保护农业、治理生态环境、化解乡村社会矛盾等方面的权威地位；增强基层干部的法治观念和法治为民意识，将政府各项涉农工作纳入法治化轨道；深入推进综合行政执法改革向基层延伸，创新监管方式，推动执法队伍整合、执法力量下沉，提高执法能力和水平；建立健全乡村调解、县市仲裁、司法保障的农村土地承包经营纠纷调处机制。要在乡村治理中实现法治，起决定性作用的还是人，因此乡村基层政府要加大在乡村的普法力度，提高村民法治素养，引导广大村民增强尊法、学法、守法、用法的意识。有关部门要健全乡村公共法律服务体系，加强对村民的法律援助和司法救助。

（三）现代化乡村治理体系中德治的完善

德治是健全乡村治理体系的情感支撑。要健全乡村治理体系，应注重乡土人情、道德规范的情感认同。在乡村治理中融入德治，能够发挥道德的引领、规范、约束的内在作用，提升乡村自治和法治的道德底蕴，为自治和法治赢得情感支持、社会认同，使乡村治理事半功倍。乡村基层政府和村委会应进一步在乡村培育弘扬社会主义核心价值观，增强乡村集体意识、法治精神和民主氛围。例如，深入挖掘乡村熟人社会蕴含的道德规范，结合时代要求进行创新，强化道德教化作用，引导村民向上向善、孝老爱亲、重义守信、勤俭持家；建立道德激励约束机制，引导村民自我管理、自我教育、自我服务、自我提高，实现家庭和睦、邻里和谐、干群融洽；广泛开展“好媳妇”“好儿女”“好公婆”等评选表彰活动，开展寻找“最美乡村教师”“最美乡村医生”“最美家庭”等活动；深入宣传道德模范、身边好人的典型事迹，弘扬真善美，传播正能量。

总之，构建现代化乡村治理体系，不仅需要以加强法治建设为核心，还需要法律和道德共同发挥作用。自治、法治与德治在乡村社会治理中应并存不悖。自治、法治与德治不能各自为政，必须“三治融合”，发挥各自的功能，形成你中有我、我中有你的互动局面，只有这样才能充分发挥其系统功能和整体效果。在实践乡村自治的过程中，乡村基层政府和村委会除了需要充分发挥村民的主人翁精神，也需要发挥法律的规范引领作用和道德的教化约束作用，同时提升村民的法治信仰和道德自觉。自治、法治、德治“三治融合”要求在自治中实现法治，践行德治；以法治保障自治、规范德治，以德治支撑法治、滋养自治；在德治中促进法治，在法治中体现德治，实现民意、法律和道德相辅相成，自治、法治和德治相得益彰，最终实现乡村社会的善治。自治、法治、德治既相互独立，又紧密联系，各有侧重，缺一不可，三者共同构成了乡村治理的有机整体。“三治融合”开辟了我国乡村治理体系的新境界，为乡村人民对美好生活的向往奠定了坚实的制度基础。

第六章

“三治融合”的现代化乡村法治体系构建的策略

第一节 完善涉农法律法规以扩大乡村法治覆盖范围

“三治融合”是一种新型基层社会管理方式，其兴起和推广伴随着现代国家建设过程中乡村发展需要引发的一系列改革浪潮。涉农法律法规作为“三治融合”现代化乡村法治体系的主要组成部分，是乡村法治得以实现的重要基础。所以，完善涉农法律法规是构建“三治融合”现代化乡村法治体系的第一个重要环节，其目的在于拓展乡村法治的覆盖范围。

一、明确涉农法律法规的立法原则

我国始终坚持乡村治理有法可依。当前我国乡村经济社会正处于转型阶段，迫切需要全面推进乡村振兴战略的实施。构建“三治融合”现代化乡村法治体系实质上是乡村治理中的一次治理举措的创新。在构建这一体系的过程中，有关部门应善于利用涉农法律法规的力量，遵循国家“三农”政策指引，结合乡村发展实际，发挥法律法规的引领、推动、保障等功能，使现代化乡村法治体系更加系统、标准、健全地体现在涉农法律法规中，从而展现乡村法治的核心地位。本书以《中华人民共和国宪法》为依据，从法理角度提出了构建“三治融合”的现代化乡村法治体系的首要策略，即完善涉农法律法规。而完善涉农法律法规的第一步就是明确立法原则，具体包括以下四个方面，如图 6-1 所示。

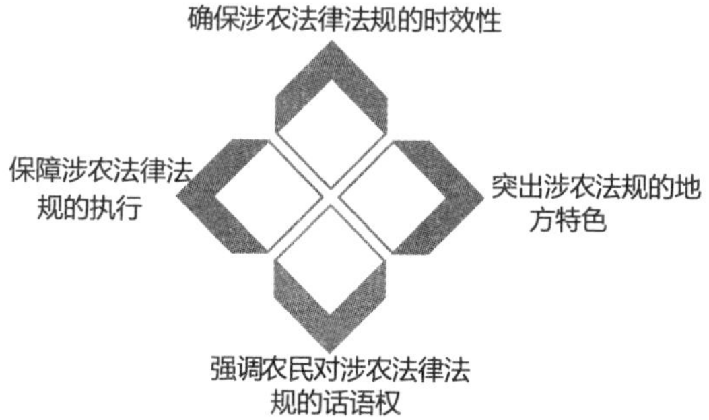

图 6-1 明确涉农法律法规的立法原则

（一）确保涉农法律法规的时效性

涉农法律法规必须与乡村发展实际相适应，这就要求立法机关充分了解当下乡村社会的发展情况，及时对涉农法律法规进行调整与完善，保证涉农法律法规在各发展时期都与乡村的发展实际相匹配，遵循时效性原则。

具体而言，涉农法律法规是立法机关在对农民利益和社会生活关系加以规范时产生的。完善涉农法律法规的主要目的在于通过为人们设定法定行为模式和法定后果模式来对乡村范围内的社会关系进行调整。完善涉农法律法规要做的具体工作就是制定相关法律规范，对乡村范围内的各种关系做出规定，并以此为依据来调节和控制社会关系。不过，在实际生活中，新的社会关系随时可能产生，当需要通过立法形式对其进行调整时，有关这种社会关系的立法调整创议也就应运而生了。但在该社会关系最终形成之前，立法调整无论是超前还是滞后均不利于社会关系的调整。超前意味着可能存在匹配度和适用性的偏离，滞后则可能会影响社会稳定。因此，立法机关必须确保涉农法律法规的时效性，在这一社会关系最终形成时，有关立法调整随之出现。

从我国乡村社会发展实际来看，当前乡村治理过程中出现了很多新情况，需要国家对此表示关注并借助完善涉农法律法规来实行及时、长效的引导与规范，确保乡村社会和谐稳定，促进乡村地区经济发展。比如，现代农业的发展、农产品质量保障、“三农”贷款保证、农作物秸秆和废弃物的利用等。乡村治理如何在解决以上难题的过程中发挥出应有的作用已成为国家必须面对的现实课题。为此，中央出台了一系列文件加以指导，各地也制定了相应的条例和规章予以落实，取得了明显成效。鉴于上述实践成果，享有地方立法权的地方人大及其常委会应当在不与宪法、法律、行政法规相抵触的前提下，及时对当地乡村社会发生的新现象、新情况进行详细而周密的调研，再根据调研的实际情况，及时把某些涉农政策或措施通过地方性法规的形式加以巩固和完善。另外，在制定具体涉农法律法规的过程中，立法机关还要注意其与其他方面法律的适应关系。近年来，一些地区已经有此方面的相关实践，相继出台了许多地方性法规，取得了良好效果。

应当肯定的是，我国当前在制定和修改地方性法规方面已具备一定经验。不过也要注意，新的现象和社会关系层出不穷，虽然部分社会关系还未真正形成，立法条件还不成熟，但立法机关也应当将其纳入立法规划中，及时开展立法调研，待条件成熟后，再迅速完善相关法律法规。

（二）突出涉农法规的地方特色

完善地方涉农法规时，地方立法机关既要使其与宪法及较高层次的法律法规互不抵触，维护国家法治的统一性与权威性；又要努力从当地实际出发，彰显地方特色，增强地方涉农法规的适用性和可操作性。这是一个长期存在的课题，要求地方立法机关必须不断地总结实践经验并努力加以探索研究，建设符合本地区特点的地方性法规体系，以适应当地乡村经济与社会发展的需要。

在不与宪法、法律、行政法规相抵触的前提下突出涉农法规的地方特色，这是一个很难把握但十分重要的原则。一方面，宪法及较高层次的法律法规都是基于我国整体情况制定的，地方涉农法规的完善不能只是“小法抄大法”，不考虑地方实际情况，这样不仅不能保证地方立法权和地方立法质量，还会导致立法资源的浪费，影响地方乡村经济和社会事业的健康发展。另一方面，我国地域广阔，受历史传统、文化观念等因素的影响，各地的乡村社会发展情况存在诸多不同。在充分了解地方差异的基础上突出涉农法规的特色需要一定的创新能力，而对涉农法规的创新程度过高或过低都无法保证地方涉农法规的有效性。因此，地方人大及其常委会必须坚持原则，努力找到满足地方现实需要的立法空间。从实践角度来看，可以从以下三个方面入手。

1.把握好“不抵触”与地方特色之间的关系

地方立法机关完善地方涉农法规必须把握好“不抵触”与地方特色之间的关系，从理论层面廓清与之相关的基本原则，既坚持“不抵触”原则，又顺应地方乡村经济与社会发展的需要，创造性地做好地方立法工作，发挥地方性法规的作用。同时，地方立法机关要注意把中央有关法律法规纳入地方涉农法规中，以适应新时期国家总体发展的大趋势。从局部看，地方特色越突出，针对性越强，解决实际问题的可能性也越大，法规的实际效果就越好。在具体工作中，要想让地方涉农法规具有鲜明风格与个性，就要着力发掘地方优势资源，打造具有浓郁地方特色的涉农法规内容。新时期，地方立法机关必须坚持依法治国基本方略，不断完善中国特色社会主义法治体系，使之更加完备。地方立法机关要在国家宪法和法律授权下开展相关地方立法工作。

2.坚持从群众需求出发

突出地方特色是根据我国法治发展目标，立足现实国情，尊重各地自然地理环境、社会经济条件以及历史传统文化等因素差异，因地制宜开展地方涉农法规完善工作的必然选择。进一步健全地方性法规体系是保证党和国家长治久安的重大制度安排之一。地方立法机关必须坚持从群众需求出发，把人民最关心、最直接、最现实的利益作为地方涉农法规完善工作开展的出发点和落脚点，加强地方性法规出台过程中的监督检查，保障依法科学推进地方性法规的制定。

3. 创新立法理念与流程

要突出涉农法规的地方特色，就应认真总结我国地方立法的若干特点和规律，顺应客观规律，不断创新立法的理念与流程。在创新立法理念方面，地方立法机关要做到既不“保守”，又不“过度”，以理性和智慧做好地方涉农法规的完善工作。在创新立法流程方面，地方立法机关要保证涉农法规的颁布有法可依、行之有效，切实基于地方特定的、特有的、需要的内容，把国家法律法规、党的方针政策和当地实际情况相结合，制定出与实际情况相符的、满足特定的需求的、讲究应用效果的地方特色涉农法规。

（三）强调农民对涉农法律法规的话语权

涉农法律法规直接关系到农民群众的切身利益，因此完善涉农法律法规必须强调农民对涉农法律法规的话语权，实现民主立法和开门立法。

从理论角度来看，民主立法和开门立法可以广泛而集中地反映民情、民意和民智，为涉农法律法规的完善做好基础。一方面，唯有充分发扬民主、集思广益，正确反映人民群众的根本利益和诉求，才能将涉农法律法规的完善工作引向正确道路，使其质量和效率得到保障。另一方面，唯有充分听取农民群众的呼声和建议，涉农法律法规才能真正为广大农民群众所接受与认可。

从实践角度来看，进行涉农法律法规的完善工作时，如何全面且综合地了解和征求农民意见、保障农民对涉农法律法规的话语权值得深思。在一个利益主体多元的社会里，推行公平公开，实现民主立法、开门立法，对提高法律法规质量大有帮助。这不仅需要法律法规本身具有科学性和合理性，制定法律法规的过程也应符合民意。因此，涉农法律法规的制定工作要贯彻公平、公开的原则，地方立法机关有必要对其程序制度进行科学设计，以区别于其他法律法规的完善工作。一方面，地方立法机关要在民主立法、开门立法的基础上，公平、公开、全面地考虑农民、农村和农业的实际情况，辅之以科学合理的程序设计，为农民参与涉农法律法规的完善工作提供必要的参考资料；可邀请相对中立的机构为农民提供知识援助，使农民能够充分理解涉农法律法规的重点，充分结合自身利益提出相应的观点和建议。另一方面，地方立法机关完善涉农法律法规要强化调研工作，掌握第一手资料。实地调研在涉农法律体系构建中占有十分重要的地位。为此，地方立法机关要深入基层，直接来到农民身边展开面对面的调研工作，采用一些切合农村实际的调查方式，找出农民群众关心的重点、难点，听取他们对涉农法律法规的意见，正确把握并反映农民意愿，加强涉农法律法规的特色和针对性，适应“三农”的实际需要。

（四）保障涉农法律法规的执行

检验涉农法律法规质量的最终标准是实施效果，而影响实施效果的因素不只有涉农法律法规的质量，还包括执行情况，只有涉农法律法规得到了全面执行，才能用实践证明其实施效果，发现其中的进步空间，从而便于进一步开展完善工作。

随着乡村法治建设进程的推进，我国农民的法律意识、法治观念大大增强，但是法治毕竟是最后的底线，大多数时候乡村治理工作还需要依靠自治与德治，因此保障涉农法律法规的执行，将涉农法律法规融入乡村自治与德治体系中是非常必要的。这就需要乡村基层政府和村委会改进向农民宣传涉农法律法规的形式，促进涉农法律法规在乡村治理的各项活动中得到执行。一方面，涉农法律法规具有强制性。在涉农法律法规的完善工作中，这种性质应得到立法机关的充分考虑，从而在法律法规的设计层面做出切合实际的安排，特别是追究责任这部分内容必须予以明确，制定出操作性强的措施，从法律制度上保证涉农法律法规的正确执行，让农民群众能清楚把握涉农法律法规的要点，划清行为底线。另一方面，要采取一定手段促使涉农法律法规真正在乡村治理中得到全面执行，为此，基层党组织必须起到引导作用，使广大农民群众主动合作、普遍参与；相关执法部门也要加大执法力度，营造一个有利于涉农法律法规执行的乡村社会环境，保证涉农法律法规在广大乡村切实执行。

二、完善涉农法律法规的路径

为适应社会经济条件变化和政策法律变化，立法机关需要将目前正在执行的涉农法律法规与时代紧密联结，通过制订并实施涉农法律法规完善工作计划、推进农业农村重点领域法律法规完善、严格规范性文件合法性审核等路径开展涉农法律法规的完善工作，如图 6–2 所示。

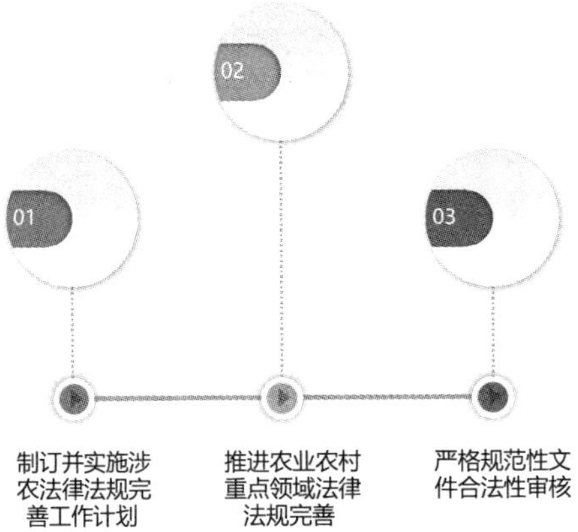

图 6–2　完善涉农法律法规的路径

（一）制订并实施涉农法律法规完善工作计划

1. 制订涉农法律法规完善工作计划

要完善涉农法律法规，就要贯彻落实全国人大常委会、国务院立法工作计划，贯彻落实《规章制定程序条例》的各项要求，以全面推动乡村振兴为重点，制订实施详细的涉农法律法规完善工作计划，对每年的立法项目进行科学合理的编排，抓住重点，分清轻重缓急，明确各立法项目进度安排及工作要求，以全面合理的工作计划对各地农业农村部门开展涉农法律法规完善工作的引导，建立立法交流机制与平台，推进涉农法律法规颁布。

2. 实施涉农法律法规完善工作计划

要实施涉农法律法规完善工作计划，就必须切实加强组织领导，保证高质、高效地完成任务。

各级政府都应深刻领会涉农法律法规完善工作对于全面建设社会主义现代化国家的基础性和保障性作用，重视涉农法律法规完善工作计划落实，围绕重大部署、重要任务和重点工作展开，强化组织领导，明确责任分工，积极承担责任，抓好贯彻落实，在保证涉农法律法规质量的同时，加快涉农法律法规完善工作的速度，高质量、高效率地完成涉农法律法规完善的各项任务。

涉农法律法规起草部门应当响应提高涉农法律法规质量的要求，遵守涉农法律法规完善程序，恪守涉农法律法规完善权限，深入调研，总结实践经验，听取各方意见，切实做好涉农法律法规起草工作。送审稿中涉及他处职责或与他处有密切联系的内容，涉农法律法规起草部门要充分征求相关部门的意见。当法律法规涉及部门职责分工、行政许可、财政支持、税收优惠等方面的政策时，涉农法律法规起草部门要取得相关部门的同意。在起草过程中产生了不同意见时，涉农法律法规起草部门要积极沟通协调，对难以化解的重要意见的分歧，要按程序及时请示。对改革、发展、稳定迫切需要的重要涉农法律法规完善项目，涉农法律法规起草部门可设立重点项目完善工作专班，统筹推进涉农法律法规完善进程，集中精力攻坚，保证起草任务如期完成。

各级司法部门应当对涉农法律法规完善工作计划的实施情况进行跟踪，强化组织协调、督促指导。对于国家和政府高度重视且迫切需要的重要涉农法律法规完善项目，各级司法部门应加强同起草部门之间的联系，如有需要，应提前干预，加速推进计划，在不减少保证手续、不降低标准的前提下如期完成任务。

（二）推进农业农村重点领域法律法规完善

完善涉农法律法规要推进农业农村重点领域法律法规完善，包括宅基地制度完善、农用地制度完善、小农户与现代农业发展有机衔接的法规完善、资源保护与利用管理立法完善等。

1.宅基地制度完善

2019 年修订的《中华人民共和国土地管理法》扩展了“一户一宅”的内涵，以“农村居民一户只能拥有一处宅基地”为依据，明确了保障村民宅基地使用权的其他合法途径。有关部门要在上述法律规定的基础上，进一步完善宅基地立法，具体包括以下三个方面的内容。

其一，宅基地“三权分置”政策法律化，发挥农民集体主体性作用，确保以户为单位的农民集体成员享有居住权。有关部门应在农民集体成员居住权得到保障的前提下，完善既符合土地利用规划和土地用途管制、又适应农业农村发展需要的宅基地使用权交易规则。

其二，健全居住权保障机制。村民宅基地使用权的获得受土地利用规划与用途规制制约，可能存在村集体无法为其村民提供宅基地的情况。为了保持土地利用规划稳定，提高土地用途管制效果，有关部门在完善宅基地制度时，需要重点健全村民居住权保障机制，建立以保障城乡居民居住权为目标的住宅用地制度。

其三，健全宅基地管制机制。一是发挥农民集体的主体性作用，使农民集体拥有与行使其所有权相对应的自主决定权；二是创新宅基地规划和管制机制，政府履行宅基地管理职能应主要着眼于宅基地规划和利用的控制，而宅基地使用权的分配则应通过农民集体行使所有权的方式来解决。与宅基地规划与控制相关的一个要点是宅基地管制与宅基地使用权流转之间的关系。在遵循宅基地使用权流转基本规则和用途管制的前提下，有关部门应构建适应多功能农业对住宅用地的需求和城乡融合发展需要的宅基地使用权流转机制。

2. 农用地制度完善

《中华人民共和国农村土地承包法》《中华人民共和国土地管理法》及其他法律的修订对进一步完善我国农用地法律制度具有重大而积极的意义。有关部门完善农用地制度重点要从以下两个方面入手。

其一，让工商资本进入农业生产经营的监管。要实现这一点，有关部门必须对准入资格、经营规模上限和土地经营权流转风险防范机制进行明确的制度规定，落实“农地农用”。同时，为了防范因工商资本进入农业生产经营而引发种种社会经济风险，有关部门必须使监管制度化、常态化，让关于工商资本进入农业生产经营的监管的法律法规成为涉农法律法规体系的重要组成部分。

其二，更新农业设施用地制度。为适应农业发展的新要求，立法机关必须不断更新和细化农业设施用地法律法规。农业设施用地是否为建设用地，需结合土地用途进行判断。要想正确判断土地用途，就必须对农业这一概念进行重新界定。在此基础上，立法机关还要明确农业设施用地的基本原则和相关规定，落实发展农业的目标，并在法律上对农业设施用地进行明确界定，从而达到合理利用土地资源的目的。同时为了防止农业用地“非农化”，立法机关应推出可行的具有强制性、禁止性的法规以保障“农地农用”。

3. 小农户与现代农业发展有机衔接的法规完善

2019 年，中共中央办公厅、国务院办公厅印发了《关于促进小农户和现代农业发展有机衔接的意见》，提出提升小农户发展能力、提高小农户组织化程度、拓展小农户增收空间、健全面向小农户的社会化服务体系以及完善小农户扶持政策，促进小农户和现代农业发展有机衔接。

要实现小农户和现代农业发展有机衔接，需要从健全农户主体制度和新型农业经营主体制度入手。在农户主体制度方面，有关部门应对农户的概念、农户与承包经营户之间的关系进行界定。农户是指以户籍为基本依据，共同居住、共同生活的亲属从事农业经营的农业经营主体。要界定农户和承包经营户之间的关系，需要对农户和承包经营户的责任、能力、规则进行探索。完善新型农业经营主体制度的重点在于关于家庭农场和农民专业合作社的法律法规。要完善家庭农场法律法规，首先应当明确家庭农场的民事主体地位，赋予家庭农场民事主体地位，既不能将家庭农场与农户等同，目前又不宜将家庭农场法人化，而要建立家庭农场的非法人组织规则体系，对设立和登记、成员、财产、解散和清算、扶持措施、法律责任等多个方面的内容进行明确规定；其次，农民专业合作社制度作为进行农业生产与经营的重要主体，也需要在《中华人民共和国农民专业合作社法》的立法基础上进一步完善，最终成为规制合作社的基础性法律。

4. 资源保护与利用管理立法完善

资源保护与利用管理的立法必须依靠现有的自然资源法律体系，以《关于统筹推进自然资源资产产权制度改革的指导意见》为标尺，完善与农村集体所有的自然资源资产所有权相关的法律法规与集体资产所有权主体制度，赋予集体经济组织特别法人的地位，健全集体所有权行使机制，制定科学的集体资产管理制度，努力形成能有效维护农村集体经济组织成员权利的治理体系。

在推进农业农村重点领域法律法规完善方面，我国已有相关实践，以山东省为例。山东省对《山东省实施〈中华人民共和国农村土地承包法〉办法》和《山东省农药管理办法》进行了全面修订，制定了《山东省乡村振兴促进条例》《山东省规范海洋渔业船舶捕捞规定》等法规。未来，山东省将从完善乡村治理制度体系、提升农村干部群众法治观念、扩大农村法律服务供给等方面，持续提高法治乡村建设水平，特别是在涉农立法和执法规范上持续发力，加快涉农法规规章项目立法进度，加强对与农村经济社会发展和农民生产生活密切相关的法律法规贯彻执行情况的专项监督检查，为服务“三农”工作提供有力的法律保障。

（三）严格规范性文件合法性审核

严格规范性文件合法性审核是全面推进依法行政的必然要求，也是加快推进现代化乡村法治体系构建的重要组成部分。规范性文件是完善涉农法律法规的重要指引，有关部门需要不断加强对涉农规范性文件的全程监督管理，创新工作机制，改进工作程序，切实提高规范性文件的制发质量。

1. 强化源头管理

为了方便制发主体准确了解与掌握涉农规范性文件的范围，有关部门需要对涉农规范性文件的含义、分类、适用范围进行界定，统一编制涉农规范性文件的管理登记号且对其进行统一发布，没有统一编制登记号的且未经统一发布的涉农规范性文件不应成为行政管理的依据；还要完善涉农规范性文件的有效期制度，明确规定涉农规范性文件的有效期、施行日期等，有效期满后，未按要求延期执行的涉农规范性文件将自动作废。

2. 强调计划统筹

为了避免政策效应相互抵消等情况发生，对涉农规范性文件的制定要强调计划统筹。有关部门应厘清法律、法规、规章及上级文件都已做出明确规定的，且现行文件规定仍然适用的涉农规范性文件，原则上不拟定内容重复或无实质意义的涉农规范性文件。为了严格控制发文数量，有关部门需要确定制定主体，能够以制定或共同制定涉农规范性文件的方式履行职责的，应自行或共同拟订涉农规范性文件。

3. 以制发质量为重点

为了提高农民群众的参与水平，确保涉农规范性文件适合民情、贴近民意，有关部门起草涉农规范性文件时要进行深入调查，采用座谈会、论证会、实地走访等方式，听取各方意见；同时要规范征求意见时限，明确涉农规范性文件意见采纳的反馈机制。

4.提高合法性审核水平

为了切实防止违法文件产生，有关部门需要建立手续齐全、权责统一、互相联系、运行有效的涉农规范性文件合法性审核机制；要积极延伸多视角的审核途径，规定审核机构可采取召开论证会、书面征求意见等方式确定合法性审核的相关要求，如内容、范围、期限、标准等。

5.加强动态管理

为了加强涉农规范性文件和上位法之间的联系，有关部门应完善涉农规范性文件的评估和工作机制，重点需要完善涉农规范性文件的动态清理机制，按照日常清理和定期清理的原则进行，以专项清理为主、全面清理为辅，及时开展涉农规范性文件清理工作，清理结果应及时公布。

第二节　做好普法工作以提高乡村法治成效

乡村居民法律意识的高低直接影响着“三治融合”的现代化乡村法治体系实施成效的高低。因此做好普法工作是构建“三治融合”现代化乡村法治体系的第二个重要环节，其目的在于提高乡村法治成效。普法工作具体包括优化乡村普法内容、乡村普法方式、乡村普法机制。

一、优化乡村普法内容

（一）优化乡村普法内容的重要性

普法内容是普法活动的核心，完善的普法内容体系对于法治精神的构建十分必要。在乡村振兴的背景下，加强对村民法律意识和法治观念的培育、增强村民的依法维权意识和宪法意识尤为重要。因此，健全乡村普法内容体系成为乡村普法教育不断演进的需要，更是乡村振兴战略实施的需要，能为构建现代化乡村法治体系构建贡献一份力量。

在“三治融合”的现代化乡村法治体系中，法律往往被当作行动的指南。法律如果不为人知或者无法为人所知，就会成为一纸空文。所以，把法律条文推广出去，深入乡村的自治、法治、德治体系中，深入乡村居民的内心尤为重要。

在实践中，人们对法治的理解多较为抽象，法治素养只能在村民日常的行为抉择、价值抉择中体现。因此，只有以法治精神为媒介，在宣传具体案例、进行具体工作的过程中讲解法律条文，多种手段相结合，使法治工作与法律内容相辅相成，才能更好地实施普法工作。

根据法律条文内容进行普法是普法最为基础的任务。从本质上来看，法律认知是法治精神形成的前提，原因是法治精神是在人类潜意识中经过长期实践形成的一种理性认知系统，对法律的认知程度是形成法治精神的一个不可或缺的因素。故民众对法律的认知程度直接影响法治精神的形成。基于此，法治宣传与法治教育离不开对法律条文的学习。从目前阶段来看，乡村普法内容并未全面展开，加快法律条文的全面学习正是普法的首要环节，这足见优化乡村普法内容的重要性。

（二）优化乡村普法内容的路径

优化乡村普法内容可以从以下六个方面入手，如图 6-3 所示。

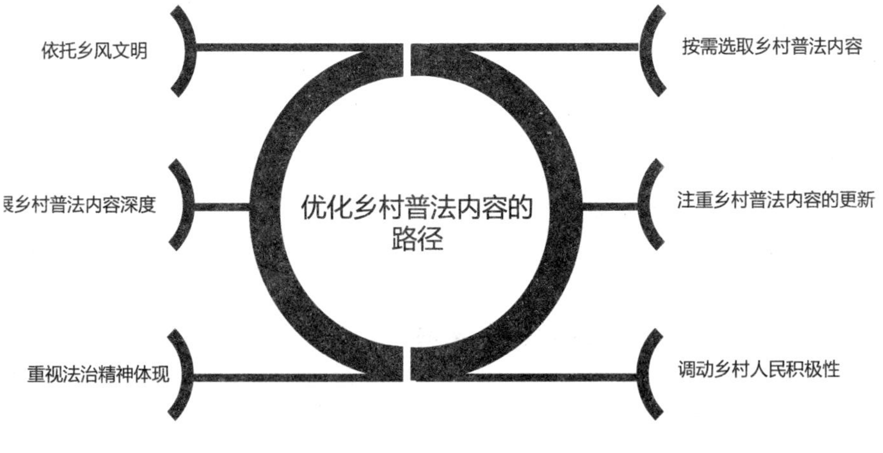

图 6-3　优化乡村普法内容的路径

1. 依托乡风文明

现代化乡村法治体系的构建强调乡村物质文明建设与精神文明建设齐头并进，改善村民精神风貌，养成文明乡风、良好家风和淳朴民风，持续提升乡村社会文明水平。一方面，普法宣传可以引领乡风文明建设；另一方面，优化乡村普法内容要依托乡风文明。普法内容应与当地乡风文明相适应，以提高普法成效。这侧面体现了德治与法治的相互结合。

2. 拓展普法内容深度

普法内容范围较广，乡村普法要拓展普法内容深度，区分政策与法律，改变过去普法只注重宣传各项政策、通告的做法，把重点转向真正的法律条文内容，还要及时对相关内容进行更新，如为村民们介绍《中华人民共和国民法典》(以下简称《民法典》)出台的时代意义、立法背景及内容纲要，选取土地承包经营权、宅基地使用权等与群众生产生活密切相关的法律规定，通过以案说法、以情说法，将刻板的法律语言转化为一个个鲜活的案例进行详细讲解，并对村民生活中遇到的一些法律问题进行答疑解惑，让村民深刻感受到《民法典》的魅力，更感受到党和政府始终把人民的安危冷暖放在心上，用心、用情、用力解决群众关心的就业、教育、社保、医疗等实际问题，从而引导村民养成自觉学法、知法、守法、用法的意识，形成遇事找法的习惯，提高解决问题靠法的能力。

3. 重视法治精神体现

优化乡村普法内容要重视法治精神的体现，要使村民既明白道理，又自觉遵守法律，提高村民对法律的认同，从而加强法治建设。因此，有关部门必须加强对乡村干部的法律培训，使其树立正确的法治理念。乡村干部作为乡村治理的基石，强化乡村干部的法治观念和法治为民意识在优化乡村普法内容的选择方面尤为重要。乡村干部只有具备了法治精神，真正理解了法律的内容，才能结合不同村民需求选取适合的普法内容进行宣传教育，体现法治精神。

4. 按需选取普法内容

不同村民从事不同的生产经营活动，对普法内容的需求有所差异。过去普法内容重在普遍性，目的是让广大村民群众了解与生活相关的法律内容，而并未将普法的特殊性作为重点，如“三农”贷款、投资等方面均为过去普法很少触及的领域。因此，为了更好地适应多元化需求，普法内容应更加个性化，结合村民不同的实际情况进行内容调整，如对于种果树和种蔬菜的农民，有关部门要向他们普及果蔬种植的相关法律法规，要让他们知晓什么农药不能用，用了会承担什么样的法律责任；对于兴办工厂的村民，有关部门可向他们普及金融贷款、纳税等相关法律法规，让他们了解如何合法获得资金，如何依法按期缴纳税款。

5. 注重普法内容的更新

新时期，随着乡村经济的发展和乡村振兴战略的全面推进，村民对用法产生了更多需求。为了更好地适应时代的需要，当前普法内容应该及时更新和完善。因此，有关部门需要对普法内容中涉农的现代化经济法律内容进行完善，这既有现实依据，又与乡村振兴战略理论发展相一致。具体来说，这一部分内容包括确立现代农业经营体系，健全紧密型利益联结机制，实施新型农业经营主体扶持项目，鼓励采取多种形式发展适度规模经营；培育和发展家庭农场，促进农民专业合作社规范化发展，鼓励农民专业合作社、联合社的发展；继续发展壮大农林产业化龙头企业，鼓励现代企业制度的确立；倡导农业企业和小农户建立契约、分红、股权等合作方式，将利益分配的重心偏向产业链的上游，帮助农民增加收入；健全农业股份合作制经营的利润分配机制，开展土地经营权入股从事农业产业化经营的试点；等等。

6. 调动乡村人民积极性

在乡村振兴中，乡村人民处于主体地位，优化乡村普法内容还需要乡村人民积极参与，表达其对普法内容的新需求。这就需要有关部门从多方面入手来调动乡村人民的积极性，充分发挥现代化乡村自治的功能，鼓励乡村人民为普法内容的优化建言献策。说到底，乡村人民是普法的主要对象，他们最需要哪方面的法律知识教育，他们自己是最清楚的，他们只有意识到了解法律内容的重要性，才能更好地参与乡村法治，使“三治融合”更好地发挥价值。

二、优化乡村普法方式

优化乡村普法方式是增强普法实效的重要途径之一。普法方式主要指普法方在普法过程中运用的手段。优化乡村普法方式需要根据乡村实际情况，秉承实事求是的态度，创新乡村普法宣传方式和乡村普法的工作方式，打造服务型普法活动，做到从受众需求出发开展普法工作。

（一）优化乡村普法宣传方式

优化乡村普法宣传方式可以从以下四个方面入手，如图 6-4 所示。

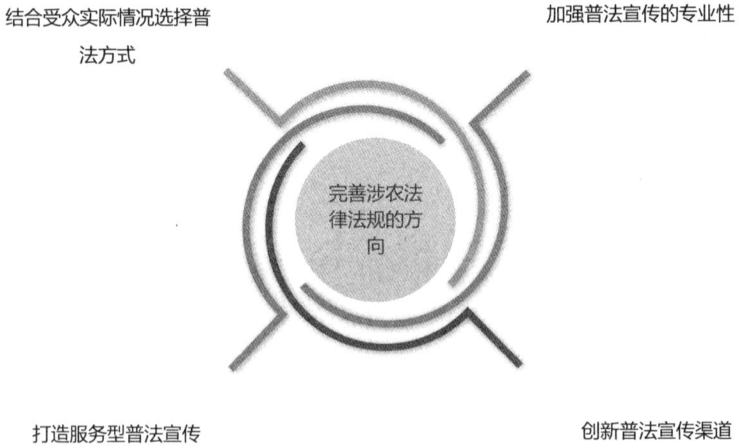

图 6-4　乡村普法宣传方式优化策略

1. 结合受众实际情况选择普法方式

乡村人民关心什么就普及什么，这样的宣传才会有实打实的效果。在乡村普法宣传中，宣传方案的设计和具体实施要充分考虑并分析受众的实际需求、接受程度、理解能力、知识水平等各种因素。乡村普法宣传要针对乡村地区普法需求特点，采取更容易被乡村人民理解和乡村人民喜闻乐见的方式开展宣传教育，让乡村人民真正掌握法律法规，提升乡村人民的法律意识，从而逐步实现乡村普法宣传的全覆盖、零遗漏，精准地执行到个人。可以开展“送法下乡助春耕”“国家宪法日”等主题宣传活动，通过设咨询台、挂标语、设展板、分发资料等形式，广泛宣传国家的法律法规和有关政策，充分满足乡村人民的学习需求；还可以通过举办歌咏比赛、知识问答、文艺演出、法律讲堂等活动来加强乡村人民法治观念的宣传教育，渲染学法用法气氛，调动乡村人民对法律的学习兴趣。

2. 加强普法宣传的专业性

只有讲清楚、说明白，才能更好地提高普法成效。对于乡村人民来说，法律法规专业性强且内容乏味，相关普法宣传人员必须将法律的内容说得清清楚楚，这样才能让乡村人民最大程度了解和接受法律法规，让法治观念在乡村人民思维里生根发芽，从而取得真正意义上的普法成效。为此，普法宣传人员可以通过建立专门组织机构或聘请法律顾问来提高普法的专业度，并加强对普法工作人员的培训力度，从而保证普法效果最大化；还可推动医疗卫生、道路交通、劳动争议、物业管理、环境保护等行业性、专业性普法宣传组织建设，让更多社会主体参与乡村法治体系构建，进一步增强普法宣传的专业性。

3. 创新普法宣传渠道

当下，乡村人民对于普法的要求已由“有没有”变成了“好不好”，这对普法质量提出了更高的要求，需要普法宣传人员不断创新普法宣传渠道。普法宣传渠道包括线下和线上两个方面。

线下普法宣传渠道的创新靠灵活。线下的传统普法宣传渠道有很多，是乡村普法的重要方式。以村站广播为例，过去，村干部常常用它来发布公告，尽管时代变迁，村站广播依然是很有使用价值的平台。特别是在一些偏远地区，通过村站广播来进行普法宣传更容易被群众接受。沿街墙面也是普法宣传的好渠道，乡村普法要发挥乡村房子墙体宽的优势，绘画普法内容，让乡村人民潜移默化地受到法律知识的熏陶。

线上普法宣传渠道的创新靠媒体。全媒体时代，互联网成了普法宣传的主要媒介，短视频等的普法功能越来越明显。在此背景下，普法宣传渠道的一个重要创新方向就是积极利用网络、自媒体，把各种媒介有机融合起来，充分发挥它们的优势，做到线上与线下渠道整合，潜移默化地向乡村人民普及法律知识，提升法治精神推广工作的渗透性。目前许多乡村已经拥有了普法微信群，渗透式普法效果良好，法律已走进乡村人民生活的方方面面。普法宣传人员还可以通过直播的形式，用真实的情景生动形象地释法说理，使单向传播向互动式、服务式、场景式传播转变，提升乡村人民的参与感和体验感，提高普法成效。

4. 打造服务型普法宣传

普法宣传人员需要改变过去乡村普法的教育性质，打造服务型乡村普法活动，结合本地实际情况和特点来设计不同类型的法治宣传方式，让乡村人民能够通过各种途径了解法律法规，进而主动参与法治宣传活动。例如，可以在充分发挥人民法院司法能动作用的基础上，推进法治宣传教育工作，成立青年讲师团，开展巡回普法宣讲，走村入户进行法治宣传；还可以响应村民们的特殊普法需求，找案例、列依据，入户上门开展普法工作。随着法治乡村建设工作的大力推进，村民的法治意识逐步增强，发生矛盾纠纷时，村民对司法服务的需求更高，各村工作人员遇到的法律问题也越来越专业。法官走到更前端，把司法服务送到乡村，打造服务型普法宣传，正是回应群众普法需求、始终践行以人民为中心的最好体现。

（二）优化乡村普法工作方式

优化乡村普法工作方式包括四个方面，如图 6-5 所示。

图 6-5 乡村普法工作方式优化策略

1.常态化普法

乡村普法是一项长期任务。如何把这项工作做深做实，使之成为村民群众的自觉行动，是乡村法治建设需重点考虑的问题。开展常态化普法势在必行，具体包括乡村普法教育宣传常态化、乡村法治阵地宣传常态化和乡村普法宣传员培训常态化三个方面。

在乡村普法教育宣传常态化方面，普法宣传人员要定期采用讲座、现场咨询、线上平台等方式开展村内常规普法活动，宣传推广土地承包、婚姻、继承、劳动合同以及其他与乡村人民生产生活密切相关的法律知识，增加乡村人民的法律常识储备，强化乡村人民法治意识。

在乡村法治阵地宣传常态化方面，普法宣传人员要充分利用公开栏、宣传栏、法治长廊、法治公园等宣传阵地，普及与乡村人民生产生活息息相关的法律知识，营造人人学法、时时学法的良好风气。同时，普法宣传人员应经常在乡村法治文化图书角增补法律书籍，通过对法治宣传资料和图书的及时增补，让乡村人民持续获得法律知识，树立法治理念，在潜移默化中接受法治教育。

在乡村普法宣传员培训常态化方面，有关部门要定期将乡村普法宣传人员集中起来进行业务技能培训。乡村普法宣传人员要秉承服务百姓的宗旨，主要研究《中华人民共和国宪法》《中华人民共和国民法典》《中华人民共和国农村土地承包法》及其他涉农法律法规，建设一支学法、懂法、用法的高素质宣传队伍；同时应结合乡村振兴等重点任务，全方位进行普法宣传，促进“法律明白人”和“法治带头人”为乡村法治体系构建做贡献，推动“三治融合”工作的进程。

2.精准化普法

要想提高普法成效就必须让普法工作具有针对性，实现精准普法。因此，普法宣传人员要做好三类群体的工作，实现“三结合”，加强乡村普法的精准度。

做好三类群体的工作包括以下三点：一是从各方面提升村干部学法用法的能力，提升其依法办事的执行力；二是提高执法人员的普法水平，要求他们坚持把普法宣传教育贯穿执法办案的始终，以案说法、以案学法，宣传法律常识，以精准普法为抓手，推进文明执法；三是强化乡村人民法治意识，通过贴身普法，宣讲与农户切身利益相关的最新法律法规，组织广大群众收看法治社戏大舞台、收听法治小广播，通过寓教于乐的形式，把法律知识送进乡村。

实现“三结合”是指以下三点：第一，结合《民法典》，推广贴近乡村人民的新法，详细宣讲《民法典》中有关婚姻、债务、遗嘱、居住权等的内容，帮助乡村人民理解与日常生活密切相关的新规定，切实维护乡村人民权益；第二，结合具体实例，宣传法律援助，对法律援助范围、流程一一进行说明，鼓励乡村人民主动提出法律援助申请，有效保障自身权益；第三，结合实际需要，做好法律宣传与建立法律咨询点同步进行，为乡村人民提供有用的法律建议，使广大人民群众及时得到普法服务，解决他们的法律疑问。

3. 网格化普法

网格化普法是对精准化普法的进一步创新。简单来说，网格化就是把某一区域的人、地、物、事、组织等基本要素都纳入网格中，配备专职网格员进行管理。网格化普法自然就是将乡村各类基本要素纳入网格，由专职普法人员进行普法。网格化普法模式旨在全面提升精准普法实效性，大力满足乡村法治需求，实现法治宣传教育从“千篇一律”到“量体裁衣”，进一步推进乡村治理体系和治理能力现代化，为全面推进乡村振兴提供法治保障。

（1）网格化普法推进有三大基础。一为思想指导，能够增强网格化普法的“聚合力”。有关部门要将法治宣传工作纳入“三治融合”乡村法治体系，进行网格化服务管理；要充分调动全区普法宣传人员的积极性、主动性，认真谋划部署，把网格化普法作为提升乡村法治化管理水平、促进社会和谐稳定的一项重要内容来抓。二为人才支撑，能够增强网格化普法的“原动力”。具体而言，有关部门要发挥法律专业人才在网格化普法中的突出作用，让乡村律师深入网格开展法律培训、发布法律风险提示、解答法律疑问等，当好乡村人民的“法律顾问”。三为制度保障，能够提升网格化普法的“生命力”。要做好乡村普法，有关部门首先要建立多层次的网格员交流制度，利用座谈会、分析研判会等形式，不定期交流普法经验，摸清普法信息，精准掌握普法实情；其次要建立网格信息联动采集制度，联动公安部门，依托“网格＋警务”联动服务体系，联合获取法治需求信息，做到信息互通、优势互补、困难互帮，确保网格化普法稳步推进、取得成效；最后要建立网格普法清单制度，以“谁执法、谁普法”责任清单和普法月历为总纲，汇总分类，因地制宜，制定网格普法清单，明确普法内容，细化服务标准。

（2）网格化普法落实有两大重点。一是乡村全民法治素养提升。2021 年“八五”普法启动以来，按照“谁执法、谁普法”的普法责任制要求，各地乡村多部门联动，分批次逐级深入网格开展普法行动，围绕民生福祉需求，宣传与乡村人民医、食、住、行、娱、乐、游息息相关的法律法规，同时积极帮助乡村人民修订村规民约，引导乡村人民自我管理、自我服务、自我教育。二是乡村全民法治信仰培育。从实践角度来看，就是要推进网格化法治文化发展。有关部门应调配各方资源，激发乡村法治文化创作活力，鼓励乡村人民创作各种主题的法治文化作品；充分利用重大节日、重要时节、重要主题活动等契机，深入网格开展法治文艺汇演、法治微电影展播、法治作品展览等活动，全力打造法治文化乡土文明，润物无声地使乡村人民树立法治信仰。

4.全程化普法

全程化普法是为乡村人民生产等行为活动提供全流程的普法服务。在人民群众需要法律帮助时，有关部门应能够及时提供法治宣传和法律服务，使人民群众能时刻感受到法律的温暖和力量。从实践角度来看，除了常态化的普法活动，在执行过程中还要落实“谁执法、谁普法”，让执法者在普法责任制中起到带头作用，将普法责任与司法行政工作的职责相结合，将普法工作纳入司法行政各项业务全过程。另外，司法部要加大对执法业务部门、法律服务机构普法责任制执行情况检查的考核力度，保障普法责任的落实。

三、优化乡村普法机制

乡村普法机制是构建现代化乡村法治体系的制度保障，优化乡村普法机制能够确保乡村普法工作有序开展，这是乡村普法最基础的要求。从目前的情况来看，有关部门应通过下沉普法力量重心、合理配置乡村普法人员来优化乡村普法机制。

（一）下沉普法力量重心

乡村治理工作的稳固性直接关系到乡村普法的落实情况。要破解这个难题，必须下沉普法力量重心。有关部门一方面要在内部确保普法工作真正从广大乡村抓起，另一方面必须健全体制机制，从外在角度确保普法力量真正下沉。

1.内部保障

由内确保普法力量下沉就是让普法工作真正以普法对象为核心，为此，基层法治宣传教育需要做到以下几点。第一，在确保开展普法工作的同时，乡村司法所工作人员要真正做到全面、高质量实地调研，而非单纯靠上级指示进行工作；还需要结合各地法律体系对乡村人民法律意识的影响对普法工作进行全面分析，制定相应的普法实施技巧来使乡村人民树立法治观念。第二，要确保全员普法，乡村干部通过引导，鼓励社会组织、乡贤、普通村民都参与普法，发挥自治、德治在乡村普法工作中的长远作用，为普法工作在乡村地区的深入开展提供保证。第三，乡村基层政府要将普法内容融入其他乡村治理工作，保证普法活动能够真正常态化、精准化、全程化，能够被群众理解、认同，进而提升普法整体效果。第四，普法人员在普法地点的选择上，应转变以工作开展方便为出发点的想法，更重要的是从乡村人民的参与方便和需求出发，选择乡村人民比较容易接受的普法场所。

2. 外部保障

从外确保普法力量下沉主要在于构建适宜的体制保障。当前，在我国法治社会建设背景下，普法重心应下移到乡村地区，通过基层政府提供法律服务和政策支持来推动普法进程。乡村基层政府应既为普法提供充足的物质资源保障，又建立起与之相匹配的监督机制。

在物质资源保障方面，首先，当前我国乡村普法方面对资金需求很大，如果资金供给不足，普法工作的顺利进行就会在很大程度上受到限制，很多普法内容优化、普法方式优化的措施就会很难实现，不利于普法工作成效的提高。其次，乡村人口流动性大，不同地区普法工作开展的环境差异等因素都会影响普法效果。因此，一方面乡村基层政府要加强对乡村普法活动的经费保障，将其纳入财政预算，建立正常的增长机制；另一方面有关部门要根据不同地区普法环境差异，整合普法资源，实现多部门协同开展普法活动。

在监督机制方面，乡村基层政府要把乡村人民的评价作为一项重要的评价指标，可以协同第三方评估机构开展考察，结合乡村人民的看法与情绪考察结果，构建普法教育的有效监督机制，为确保普法工作顺利开展并取得实效提供机制保障。另外，乡村基层政府要在乡村普法制度中增加绩效评估制度，把自身从既当运动员又当裁判的圈子中解放出来，发挥乡村人民参与普法工作的监督作用。

（二）合理配置乡村普法人员

合理配置乡村普法人员就是要壮大普法主体力量。从现实情况来看，主要分两部分展开。

1.引进社会普法主体

乡村基层政府要在确保普法主体人员配备的基础上，引进社会普法主体。前者以国家立法为前提，后者通过民间法治机构来完成。乡村基层政府要确保乡村政权普法人数，丰富普法力量。这两种不同性质的普法力量互为补充，既能满足当前乡村法治建设需求，又能为现代化乡村法治体系的构建提供动力。对于普法来说，积极利用国家力量是十分必要的。在当前情况下，乡村基层政府需要借鉴历史上的成功经验，看到具有社会基础的民间组织对于培养民众理性、正确价值观所能起到的作用，主动挖掘社会力量，为普法添砖加瓦，同时采用立法等手段来规范民间普法机构的行为，以便通过各种方式向公众传递法律信息、达到普法目的。

2.加强政府内部普法力量

加强政府内部普法力量重点在增加政府普法主体数量，乡村基层政府要配置足够的乡村普法人员，缓解乡村用人压力，使乡村工作人员的权力得到下沉。要实现这一点，必须从三个方面入手。

（1）加派普法人员。按照规定，乡村司法所应具备“一所三员”人员配置，但由于很多乡村地区山高路远，普法人员的派任存在难题，人员选择余地较少。因此，可以把重点放在基层普法人员的选拔上，努力选择能够适应乡村工作方式、乐于到乡村劳动、愿意为乡村献身的人；要优先考虑当地的人员，在当地选拔出适合的普法队伍，减少人员外派的压力。

（2）留住普法人员。受到各种因素的影响，在乡村任职的普法人员可能存在一定的流动性，因此，乡村普法队伍的长久稳定需要维护。乡村基层政府必须采取适当的留人措施，提高普法人员的待遇，给予这些人员成长进步的空间，尽可能留住人才。

（3）加强普法队伍建设。首先，乡村普法部门要深化对乡村普法工作意义的认识，承认乡村普法不仅对法治中国建设具有非同寻常的重大意义，还对构建现代化乡村法治体系具有举足轻重的作用；要深刻领会当前阶段乡村普法工作所面临的诸多挑战，从实际出发，因地制宜制定符合当地特色的普法方案，切实满足当地村民的普法需求，并通过不断探索与创新，找到适合本地区普法工作发展的有效路径。其次，乡村普法部门要将普法融入日常工作中的点点滴滴，加大普法工作队伍建设力度，确保普法的资金和人员配备，形成健全体制，使普法工作有规律可循，使普法工作管理规范化、程序化。再次，在确保普法工作团队人员充足的前提下，乡村普法人员要把握普法的真实目标，通过了解村民对法律知识掌握的程度、明确普法职责分工等措施来引导和规范自身工作。同时，有关部门应健全普法问责制度，完善普法工作奖惩机制，将普法活动落到实处。最后，乡村普法部门应遵循“三治融合”治理理念，注重发挥乡村社区居民委员会在普法中的积极作用，确保乡村人民在普法过程中的参与度，让普法人员通过“教学相长”的模式提高自身法治素养，以便更好地开展普法工作；还要加强对人民调解员、志愿者队伍的拓展与合理管理。各地要宣传好志愿工作，吸引更多民众参与其中，并可与周边县市联动，相互沟通志愿者的工作。

第三节 依托乡村公共法律服务体系满足乡村群体多元诉求

乡村公共法律服务体系具有较强的生命力与适应性，能满足乡村民众对公共法律服务多样化的需求、提高乡村地区法治建设水平、促进乡村治理发挥功效、助推乡村振兴战略实施。乡村公共法律服务体系是“三治融合”现代化乡村法治体系的重要组成部分。依托乡村公共法律服务体系满足乡村群体多元诉求是构建“三治融合”现代化乡村法治体系的第三个重要环节。优化乡村公共法律服务体系要从框架、互动、队伍建设三个方面入手，其落脚点在于满足乡村群体多元诉求。

一、优化乡村公共法律服务体系框架

（一）扩大乡村公共法律服务范围

在城乡一体化进程迅速推进的今天，乡村城镇化建设步伐也随之加快。目前，我国在乡村地区开展的公共法律服务主要为民事调解和行政处理，而对

于解决以“三农”问题为中心的新时期乡村治理模式下产生的新型社会需求还涉及不深。总之，我国乡村公共法律服务的范围还有进一步拓展的空间。因此，有关部门需要根据实际情况，摸清乡村法律服务需求，按需扩大法律服务范围。具体可以从以下四个方面入手，如图 6-6 所示。

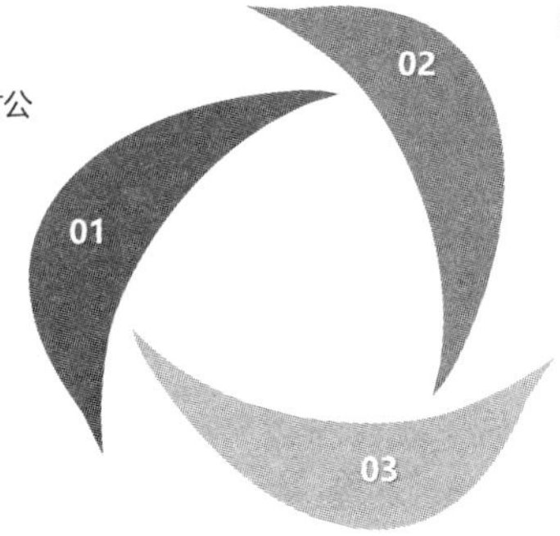

图 6-6　乡村公共法律服务范围扩大路径

1. 构筑全业务、全时空的乡村公共法律服务网络

扩大乡村公共法律服务范围可以通过构筑全业务、全时空的公共法律服务网络来实现，具体有以下两点。

首先，有关部门要建设高标准乡村公共法律服务中心，鼓励乡村公共法律服务中心发挥综合服务作用，对资源进行统筹调配，对乡村各区域公共法律服务的运行情况进行指导和监督，使之成为全村公共法律服务的综合枢纽与指挥协调平台；要推进乡村公共法律服务中心和司法所一体规划与建设，实现资源共享，逐步达到“站所合一”的目标；要加强乡村公共法律服务中心和乡村法律顾问的有效对接。

其次，有关部门要开通乡村公共法律服务电话与网络渠道，提高热线平台和网络平台“不见面”的服务能力。有关部门在乡村公共法律服务热线方面，要做到 7×24 小时服务；在乡村公共法律服务网络平台方面，要积极开拓新渠道，创建集网站、微信、移动 APP、智能自助机于一体的集成服务矩阵，提高乡村公共法律服务的便利程度。另外，有关部门还可以探索“区块链 + 法律服务”模式，积极向公证、司法鉴定及其他业务领域延伸，形成全业务、全时空的乡村公共法律服务网络，扩大公共法律服务的供给范围。

2. 推进法律服务的多元化

扩大乡村公共法律服务范围要推进公共法律服务的多元化，使其涵盖法治宣传、法律援助、法律调解、律师服务、公证、司法鉴定等公共法律服务的各个领域。

首先，有关部门要推进乡村公共法律服务类型“应设尽设”，以造福民生为目标，设立重点群体法律援助的绿色快捷通道，依法有序拓展公共法律服务的类型，科学合理地制定服务的标准及事项范围，继续扩大覆盖范围。

其次，有关部门要创新优化便民服务措施，健全公共法律服务中证明事项告知承诺制度、异地应用“全省通办”和“帮办”等机制，逐步健全公证机构、司法鉴定机构收费等制度，强化公共法律服务工作与公证工作、司法鉴定等之间的联系。

3. 推广乡村法律调解

扩大乡村公共法律服务范围要推广乡村法律调解，降低公共法律服务获得门槛，使更多的乡村人民能够得到法律调解。

法律调解是现代化乡村法治体系的一项重要内容。推行人民调解、行政调解、律师调解以及其他非诉纠纷解决途径可以规范群众诉求表达，协调利益、权益保障通道，着力让矛盾纠纷化解在基层。为此，有关部门首先必须推动行业性、专业性人民调解组织的发展，健全乡村人民调解组织制度，建立“调解＋仲裁＋法律服务”的一站式乡村经济纠纷解决机制，打造乡村人民调解的地方品牌；其次为进一步提高乡村法律调解成效，可对乡村公益法律调解行动设置奖励机制，鼓励公职律师作为志愿者参加法律援助工作，扶持律师事务所做强做专；最后要推进各级党政机关、各人民团体广泛设立法律顾问、公职律师职位，实现乡村党政机关公职律师全覆盖。

（二）加快乡村公共法律服务均等化建设

公共法律服务具有均等化这一重要特征，优化乡村公共法律服务体系框架要求平均分配乡村的法律资源。在乡村公共法律服务体系的构建上，如何搞好法律资源的“均等化配置”是一个重要课题。目前我国公共法律服务资源配置存在地区差异。国家应以“均等配置”为切入点，采取相关政策措施，切实促进公共法律服务资源的下沉，把城市优质法律服务资源向乡村拓展，使村民也能平等地享有公共法律服务。

目前我国正处于社会转型时期，由于受历史和现实因素影响，乡村人民对法律知识的掌握程度有待提高，基层法律服务水平有待提高，而这将直接影响村民合法权益的维护。为此，国家应从“村民共享”的思路入手，以立法为保障，法律法规、政策和其他措施共同促使公共法律服务资源流向乡村，把大中城市的法律资源合理配置到乡村，让村民真正享有高质量法律服务。

从实践角度来看，要加快乡村公共法律服务均等化建设，应系统落实有关的政策举措，确保乡村法律服务均等化发展；鼓励律师事务所的发展，让法律服务机构落户乡村，方便律师深入乡村开展工作；要建立和完善乡村法律援助制度，为村民提供更多免费法律服务；应以政府购买服务为手段，让法律服务驻扎在乡村，推动法律服务均等化的发展。

（三）提高乡村公共法律服务体系的环境适应性

乡村的良好发展是国家和社会良好发展的基础。随着城镇化进程加快，乡村地区也逐渐进入“半熟人社会”，单一的法治并不能适应乡村治理的实际需要，直接投入的公共法律服务也很难得到村民们的承认和参与。在此情况下，乡村公共法律服务体系框架必须根据乡村社会环境特点进行适应性调整。

具体可行的方案就是借助乡村的内生力量，在公共法律服务体系和乡村社会之间建立一个有效连接点，打通法律服务走进乡村的渠道。基于此，一种将乡村乡土资源纳入社区，并通过整合实现重构现有乡村社会秩序的新型公共法律服务体系构建思路应运而生，即从组织架构和制度安排两个维度进行设计。同时，本思路可以推动现代化法治和村民自治、传统德治的有机融合，提高现代化乡村法治体系在乡村社会的环境适应能力，继而为乡村公共法律服务体系真正植入乡村内部治理流程中创造条件。

从实践角度来看，以“新讼师”“新乡贤”为代表的乡村内生力量将被纳入乡村公共法律服务体系，组建一批具有较高文化素质且熟悉法律法规知识的乡村精英群体正好符合“三治融合”的乡村治理理念。同时，有关部门要对这些来自乡村内部土生土长的法律服务工作者进行思想政治、道德规范等方面的培训，以提高其对乡村民众的服务能力。乡村基层政府在进行法治建设时，要考虑自治与德治力量的发挥，促使“三治融合”作用于社会治理，提高乡村公共法律服务体系的环境适应能力。

“新讼师”是法律资源有限的地区面对法治社会的浪潮，在转型过程中演化出的过渡型角色，在法治规则和道德舆论之间活动。他们不仅对村庄的村规民约、风土习俗都很熟悉，还了解法律规定，熟知诉讼过程，能起到沟通法治规范与乡土社会的中介作用。“新讼师”凭借其身份特征和知识结构的特殊性，逐渐成了一种具有独特魅力的民间法治文化形态，并对当下我国现代化乡村法治体系的构建发挥着重要作用。与职业律师和职业法律服务工作者相比，“新讼师”由于与村民的生活息息相关、掌握大量地方性知识，更能满足村民对纠纷处理多样化的要求，从而能得到村民的青睐和信赖。同时，“新讼师”是乡村地区传统文化传承和现代公民意识培养相结合的产物，他们不但能够帮助村民增强法律意识，而且有助于促进当地经济发展、维护村庄和谐稳定。所以，有关部门要通过行之有效的指导培训措施，把“新讼师”变成乡村的“法治带头人”“法律明白人”，使他们成为乡村公共法律服务工作者，依靠他们在村民中推广、普及地方特色公共法律服务，在一定范围内拓展乡村公共法律服务传播路径，提高民众对法律的接受度和参与更多法律服务的积极性，突破公共法律服务滞留于乡村治理周边的限制。

二、实现乡村公共法律服务良性互动

“三治融合”治理理念提出的最终目的在于营造共建共治共享社会治理格局。这一目标要求构建以法治为核心、多元主体协同合作的现代化乡村法治体系。在乡村公共法律服务体系中，政府、民众、法律服务组织协同参与、全面互动是提高乡村公共法律服务质量并全面展现乡村治理功能的关键前提。从制度构想的层次上讲，在公共法律服务制度方案中，政府既是制定者，又是实践者；乡村民众既是受益者，又是反馈者；法律服务组织既是劳务供给者，又是政民交流的黏合剂。三者之间通过良性互动构成乡村公共法律服务共同体，确保乡村公共法律服务体系健康、有序运行。要实现乡村公共法律服务良性互动，可以从营造共同愿景、打造互动空间、完善互动机制入手。

（一）营造共同愿景

要实现乡村公共法律服务良性互动，应先营造共同愿景、明确责任划分、创设“和而不同”的服务情境。乡村公共法律服务共同体是在一定社会背景下产生的一种新型法律服务业态，具有鲜明的行业特色和自身特点。只有明朗清晰的共同愿景才能孕育出蓬勃向上的生机。在乡村公共法律服务共同体创新发展过程中，政府、民众、法律服务组织发挥着各自的作用。共同愿景是公共法律服务共同体发展的根本诉求，更是有效提供公共法律服务的重要条件之一。在此基础上，政府需要构建以乡村社会需求为导向、由法律服务组织主导的多元化法律服务模式，树立共同努力的方向和目的，并划分出各个主体的权利和义务，确保在法律服务的过程中，各个主体协同发力，实现乡村公共法律服务良性互动。

（二）打造互动空间

要实现乡村公共法律服务良性互动，就要打造专门的互动空间。公共法律服务实体工作室是公共法律服务的主阵地。在当前乡村法治实践中，乡村公共法律服务的良性互动要求重点推进示范性乡村公共法律服务实体工作室的建设，精心构筑公共法律服务的互动空间，为打造更高水平的法治乡村、促进乡村人民真正享受到实际的公共法律服务尽一份力。乡村公共法律服务实体工作室的建设要从以下六个方面入手。

1.整体部署

为深入贯彻落实乡村振兴的战略部署，加快建立覆盖乡村地区的公共法律服务体系，政府应拟订乡村公共法律服务实体工作室的建设方案，全面部署乡村公共法律服务实体工作室建设规划，建立工作领导小组，举行多方协调会和现场会，对相关工作内容进行专门研究，同时查缺补漏，对一些陈旧损坏的乡村公共法律服务实体工作室进行改造。

2.创建示范性乡村公共法律服务实体工作室

要推进乡村公共法律服务实体工作室的建设工作，就要加快示范性乡村公共法律服务实体工作室的创建，在已经完成公共法律服务实体工作室建设的乡村中选取优秀代表作为示范点，不断推进示范性乡村公共法律服务实体工作室的软硬件建设，组织开展对照示范性乡村公共法律服务实体工作室基本标准的自查，没有达到基本标准的乡村公共法律服务实体工作室应以示范性乡村公共法律服务实体工作室的建设为标准，进行重新布局和建设。

3. 统一建设标准

乡村公共法律服务实体工作室的建设要统一外观标识等设置的标准，建立起以村委会为主线的工作机制。所有乡村公共法律服务实体工作室都要做到外观标识统一、制度上墙、内务设置完备、台账登记规范，还要装备制度牌、搭建法治宣传架；要协调法律服务资源，积极做好乡村法律顾问、法律咨询、法律援助、公证服务等工作及其他服务，给予村民法律帮助，协助村民办理相关法律事务，依法对全村各种矛盾纠纷进行调解，把法治宣传贯穿公共法律服务始终，逐步增强村民知法、学法、懂法、用法的自觉性。

4. 加强宣传引导

实现乡村公共法律服务良性互动要发挥乡村公共法律服务实体工作室的宣传功能，把公共法律服务触点放在乡村，采用多种方式加大公共法律服务宣传力度，打造法律服务网，疏通服务渠道，引导乡村人民主动前往公共法律服务实体工作室反映诉求，使乡村人民所思、所见都有作用，持续提高公共法律服务的公众知晓度，扩大公共法律服务的社会影响力，为乡村公共法律服务体系构建创造良好氛围。

5. 完善档案资料

建设乡村公共法律服务实体工作室要向完善档案资料、提升服务水平方向持续推进，使乡村公共法律服务实体工作室成为一个实实在在为乡村人民群众办事的窗口，努力提供普惠均等、方便高效、智能精准、形式多元的现代化公共法律服务。

6. 落实督导检查

建设与完善乡村公共法律服务实体工作室要落实督导检查，有关部门要对乡村公共法律服务的发展状况及效果采取定期、不定期的督导检查和考核评估，发现问题后督促乡村公共法律服务实体工作室及时查缺补漏、整改落实，为广大人民群众提供更优质的服务。

（三）完善互动机制

丰富多彩的互动机制可以增进主体间的沟通交流，为乡村法律服务共同体注入生机。政府、法律读物组织等主体可以从以下三个层面入手，完善互动机制。在实体层面，可依托乡村公共法律服务实体工作室空间，优化服务方案、服务项目、服务产品，为互动提供更多方式；在技术层面，可以运用大数据、云计算等信息技术构建基于互联网的在线乡村公共法律服务平台，实现信息共享，提高互动效率；在网络层面，可借助微信群、小程序、手机 APP 等来构建公共法律服务线上社区，实现法律服务组织的目标，实时进行政府公共法律服务机制宣传，使人民群众能实时表达观点及诉求。

乡村公共法律服务是化解社会矛盾、维护社会和谐稳定的重要保障。乡村公共法律服务也可延伸至乡村的招商引资、农业产业园的发展、村镇企业开发涉及的法律咨询服务等。总之，公共法律服务是乡村的一种法治手段，也是政府与村民之间关系调整的方式之一，对于化解乡村矛盾、提升基层政府公信力起到重要作用。高质量的乡村公共法律服务可以促进乡村公共服务模式的创新，有助于预防基层风险、维护基层稳定、加快经济要素流转。

三、加强乡村公共法律服务队伍建设

加强乡村公共法律服务队伍建设，可从提升乡村公共法律服务积极性、优化乡村公共法律服务人员配比、完善乡村公共法律服务评价机制三个角度入手，如图 6-7 所示。

图 6-7　加强乡村公共法律服务队伍建设策略

（一）提升乡村公共法律服务积极性

在公共服务领域，公共服务主体提供服务的积极性往往决定着公共服务的效果。当前我国乡村公共法律服务主体在提供公共法律服务的过程中面临着更高的供需匹配和供给效率要求，因而其服务积极性迫切需要通过优化政策环境予以提升。

1. 提升政府积极性

政府是乡村公共法律服务共同体的主导角色，其服务于乡村公共法律服务工作的积极性对乡村公共法律服务体系构建具有重要影响，决定了政策环境的优劣。采取有效引导和激励政策是加强乡村公共法律服务队伍建设的可行途径。具体而言，可以从以下几个层面进行尝试。

一是把乡村公共法律服务体系构建纳入基层党委工作范围与政府及相关领导干部的政绩考核体系中，促使各级党委、政府高度关注乡村公共法律服务体系构建工作的推进。各级人大应通过立法赋予地方政府一定权力来推进本辖区内的乡村公共法律服务体系构建。

二是推出普惠性公共法律服务执行方案，支持法治水平较低的地区开展法律服务，推动乡村公共法律服务工作整体推进。国家应加强基层司法所的基础能力建设，提高其执法办案质量，并通过完善相关配套制度来确保执行力度，从而切实提升乡村公共法律服务工作质量。

三是转变公共法律服务理念，推动基层政府由注重法律服务“数据生产”向注重提高法律服务质量转变。国家应加快推进乡村自治、德治的法治化进程，构建“三治融合”的乡村公共法律服务保障机制。

2. 提升公共法律服务组织积极性

从公共法律服务组织的角度来看，政策环境直接影响着他们提供公共法律服务的积极性。从实践来看，我国现行法律体系对各类专业法律服务机构均有明确规定和限制。一方面，建立政治法律类社会组织需面对的严格的注册条件和手续使广大的“草根”法律服务组织很难取得合法地位，进而这些组织只能游离在以政府为主导的公共法律服务体系外。同时，在现行法律法规框架下，法律服务组织通常以营利为目的，无法承担相应的公共法律服务责任。另一方面，与政府关系密切并获得合法身份的法律服务组织通常会受到主管单位的严格管理，缺乏自主提供法律服务的能力。此外，法律服务组织也面临着现实的融资需求。

在此背景下，国家要推出开放包容的政策，营造适合法律服务组织介入乡村公共法律服务的政策环境，扩大其生存和发展的空间；还应通过以立法明确法律服务组织的合法资质、规范法律服务组织的运行规则、保障法律服务组织享有充分的权利等方式，来完善我国法律服务组织制度，进而提高公共法律服务组织的服务积极性。具体措施包括降低法律服务组织认证门槛，让法律服务组织在政策上拥有更大话语权和行动自主权以及加强对法律服务组织的物料、人力等支持。

（二）优化乡村公共法律服务人员配比

乡村公共法律服务体系的构建离不开法律服务队伍的建设，而乡村法律服务队伍建设的好坏关键在于能否解决好人员配比的问题，即乡村公共法律服务人员要达到一定的总量且人员分配要达到一定的比例，这样方能确保乡村法律公共服务工作的有序开展。

1.持续壮大乡村公共法律服务队伍

持续壮大乡村公共法律服务队伍是使乡村公共法律服务人员达到一定总量的最佳路径。一方面，政府要增加乡村公共法律服务人员类型，包括律师、公证员、司法鉴定人员、人民调解员、基层法律服务工作者、仲裁员等，每个方面的人员都要足够多，以充分满足乡村人民群众的多元化诉求。另一方面，政府要使乡村公共法律服务人员总量满足乡村需求，遴选政治素质过硬、业务能力较强的法律服务人员提供驻场服务，为广大乡村人民提供优质、高效的公共法律服务。同时，乡村公共法律服务人员总量并非固定不变，而要随着乡村的发展情况实时调整。

2.完善乡村公共法律服务人才体系

完善乡村公共法律服务人才体系是合理分配乡村公共法律服务人员的最佳路径。具体而言，就是在乡村社会中构建以政府为主导、以农村集体经济组织为基础、以农民专业合作社为依托、以社区自治组织为补充的多元化、多层次、全方位的法律服务人才体系。

首先，完善乡村公共法律服务人才体系要优化人才需求配置标准，对各乡村基层司法所领头人的选择要做到选优配强。政府应本着有所信、有所责、有所敬的原则，挑选政治素质强、法治本领强、服务理念强的法律专业毕业的、组织承认且群众满意的司法所领头人；还要组织集中培训、团队建设及其他主题的训练，持续落实乡村公共法律服务人才结构优化措施，不断增加乡村年轻干部的数量，保证基层司法所的人员招录不断向法律专业倾斜，大力推荐优秀司法所领头人进入乡村后备干部队伍。

其次，完善乡村公共法律服务人才体系要建立优秀政法队伍，促进政法干警挂职交流。政府应选派一批忠诚、敬业、有奉献精神的政法干警进行挂职交流，派他们前往人民调解、法律宣传、行政复议及其他法律服务职位，通过经验交流、专题座谈等形式，以“你说我评”的方式进行专题工作汇报，从而助力形成“比学赶超”风气，充分发挥政法先锋的典型示范作用，加强突击力量，推进乡村法治。

再次，完善乡村公共法律服务人才体系要探索资源共享模式，共同构建法律顾问长效机制。政府应从法院、检察院、公安局、司法局等与法治建设密切相关的机构选拔优秀业务骨干，充实乡村法律顾问队伍。乡村法律顾问应结合现代化乡村法治体系的目标要求，关注社会公平正义，广泛开展纠纷调解、司法援助及其他公共法律服务。各机构法律顾问要充分发挥派出机构的优势，利用工作资源，以发展经济产业、村党组织建设、民主法治示范创建活动等为中心内容，最大程度地结对帮扶，满足乡村实际法律需求。

最后，完善乡村公共法律服务人才体系要注重提升服务的法治效能，大力推进“法律明白人”培养工程，将“法律明白人”视为现代化乡村法治体系中一支不可忽视的力量，持续强化“法律明白人”传承法律信仰、传递法治力量、传播法律知识、带头法治实践、带动村民自治的作用。政府应在村“两委”、驻村辅警、法律社会组织工作人员中选择“法律明白人”，形成一支质量过硬、结构优良的队伍，使其紧紧围绕法治思想，广泛传播党和国家的方针政策、宪法以及其他法律法规的内容，引导乡村民众利用公共法律服务资源，提高乡村民众法治素养。

（三）完善乡村公共法律服务评价机制

乡村公共法律服务评价机制可以让法律服务人员掌握自身的服务水平，有效提升村民对法律服务的认可度，推动乡村公共法律服务规范化。

1. 厘清评价主体

乡村公共法律服务评价机制应厘清评价主体，科学合理地评估服务内容与服务过程，推动乡村法律服务水平不断提高。人民群众是历史的创造者，乡村公共法律服务评价机制应以民为本、以心为本，秉承乡村振兴初心，以保障和改善民生为出发点和落脚点，重视人民的利益。因此，需要将人民群众的满意度作为对乡村公共法律服务进行评价的标准。

2. 构建评价指标体系

对乡村公共法律服务进行评价时应遵循实事求是原则，以事实为依据，细化评价指标，构建评价指标体系；要从多方面入手，全面衡量服务质量，在此基础上结合实际情况对评价进行完善。乡村公共法律服务评价内容要多元化，应由软件服务与硬件服务组成，即包含服务项目与服务平台建设两方面评价内容。在此基础上，各乡村还可结合当地实际情况制定适合当地发展的公共法律服务评价指标体系，通过评价乡村公共法律服务软硬件，促使乡村公共法律服务队伍掌握自身服务情况，从而更好地提升服务水平。

具体而言，对乡村公共法律服务的评价要从总体服务指标、服务项目指标、服务平台建设指标入手，这三方面都涉及了乡村公共法律服务人员的工作内容。总体服务指标是对乡村公共法律服务的总体评价；服务项目指标涵盖法治教育服务、法治咨询服务、法治查询服务、法律便利服务、法律援助服务、调解服务、村法律顾问服务等服务内容，该部分评价旨在引导乡村公共法律服务队伍提升自身服务质量；服务平台建设指标涵盖实体平台建设、热线平台建设、网络平台建设等内容，该部分评价旨在推进乡村公共法律服务的基础设施建设，引导和推动整个乡村公共法律服务健康有序发展。具体评价标准如表6-1所示。

表6-1 乡村公共法律服务评价指标体系

项　目	内　容	评价标准
总体服务指标	乡村总体公共法律服务	* 是否满意乡村公共法律服务总体情况
服务项目指标	法治教育服务	* 是否满意法治文化广场等法治文化阵地建设 * 是否满意所提供的法治文化资料 * 是否满意每个行政村“法治带头人”“法律明白人”的数量
	法治咨询服务	* 是否满意网络、热线、现场咨询等法律咨询、指引服务
	法治查询服务	* 是否满意法律服务机构及从业人员基本信息、奖惩、业务、信用等信息查询服务 * 是否满意法治地图查询服务

续 表

项 目	内 容	评价标准
服务项目指标	法律便利服务	* 是否满意法律服务机构内服务事项的办事指南 * 是否满意办理程序和网上办事进度查询
	法律援助服务	* 符合法律援助条件的群众是否满意所提供的法律救援服务的全面性和及时性
	调解服务	* 是否满意纠纷受理、人民调解、调解协议书制作等服务 * 是否满意调解成功率、协议履行率 * 是否满意调解人员配置
	村法律顾问服务	* 是否满意法律咨询、法治宣传、矛盾纠纷化解等服务 * 是否满意全区村法律顾问人数和村配备法律顾问比例 * 是否满意法律服务工作时长
服务平台建设指标	实体平台建设	* 是否满意乡村公共法律服务实体工作室建成率 * 是否满意乡村公共法律服务实体工作室接待及时性
	热线平台建设	* 是否满意乡村公共法律服务热线接听率 * 是否满意乡村公共法律服务热线答复
	网络平台建设	* 是否满意建成的公共法律服务平台 * 是否满意答复网站咨询问题的及时性和有效性 * 是否满意所发布的留言咨询问题的审核通过率

3. 完善评价方式与结果应用

在评价方式方面，乡村公共法律服务应以“群众满意”为主线，进一步增强服务意识，千方百计地提高群众满意度。乡村公共法律服务评价机制分线上评价与线下评价两个环节：线上评价以便民服务窗口内的电子评价器、政务服务网为基础，由乡村公共法律服务实体工作室法律咨询窗口和法律援助窗口的值班律师、综合接待窗口的工作人员指导乡村群众开展满意度评价，评价主要分为很满意、满意、基本满意、不满意四个等级；线下评价可通过对到访办事群众下发评价表指导其进行满意度评价，同样分为很满意、满意、基本满意、不满意四个等级。

在评价结果应用方面，乡村公共法律服务评价机制要求对于基本满意和不满意的评价，工作人员要及时联系评价人，弄清评价人如此评价的理由，做出相应改正，有效提升乡村公共法律服务水平，给办事群众带来方便，准确、有效地提供一站式法律服务。

第四节　借助数字乡村建设实现乡村法治体系现代化

数字乡村包含两层含义。从静态视角分析，数字乡村属于乡土社会秩序的范畴，作为信息文明时代的乡村类型，与农业文明、工业文明时代的乡村有着明显不同。数字乡村的生产、居住、生态空间都表现出数字化、信息化、智能化的特点。从动态视角分析，随着社会变迁，在信息技术不断更新的背景下，乡村经济社会发展思路、体系、手段逐渐呈现智能化、数字化、技术化特征，发展成为数字乡村。借助数字乡村建设实现乡村法治体系现代化是构建“三治融合”现代化乡村法治体系的第四个重要环节。现代化乡村法治体系构建需要以数字乡村建设为基础，实现自治、法治、德治的深度融合与高效运转。

一、数字乡村对实现乡村法治体系现代化的价值

2019 年 5 月，中共中央办公厅、国务院办公厅印发《数字乡村发展战略纲要》(以下简称《纲要》)，明确指出了数字乡村既是乡村振兴的战略方向，又是建设数字中国的重要内容。《纲要》提到，数字乡村建设的重点任务之一就是推进乡村治理能力现代化，加快推进“互联网＋公共法律服务”，建设法治乡村。《纲要》还提出应注重建立灵敏高效的现代乡村社会治理体系，着力发挥信息化在推进乡村治理体系和治理能力现代化中的基础支撑作用，繁荣发展乡村网络文化，构建乡村数字治理新体系；着力弥合城乡“数字鸿沟”。

数字时代，乡村发展面临着数字化挑战。数字乡村建设兼具新媒体赋权和反赋权的功能，会对乡村社会的利益、资源等起催化作用。这对推动乡村社会发展方式转变具有重要意义。从国家层面来看，数字乡村可以促进乡村经济高质量增长，为农民提供更多公共产品与服务，推动农业生产经营向集约化、

专业化转型升级，推进生态宜居的美丽乡村建设。由于数字乡村情景中的个人、群体或者组织都可以在互联网上进行社会沟通、获取信息资源、表达自己的兴趣，这就为乡村自治、法治、德治主体充分行使权利提供了可能性。数字乡村的构建也意味着乡村社区从以家庭为主向集集体力量于一体的方向发展。可以说，数字乡村建设是推进乡村治理现代化的新的助推器和导航仪，在推进乡村治理主体多元化、推进乡村治理内容透明化、推进乡村治理方式数字化、引导乡村治理动力前置化这四个方面具有重要价值。

（一）推进乡村治理主体多元化

过去，乡村治理在很长一段时间内主要由士绅阶层所代表的精英主导，或是依靠政府的力量来驱动，一般的村民很少参与治理。我国进入全面建成小康社会的历史时期后，乡村经济快速发展，村民生活水平不断提高，对公共服务的需求也日益增加，这给当前乡村治理带来了许多挑战。新媒体技术的运用能够增加个人或机构介入乡村公共事务的渠道，从而对传统治理模式进行解构和重建，于是，村民、村委会、基层政府、企业、社会组织、媒体都能在乡村治理中找到自己的定位和职责，形成“1+1>2”的协同效应。

（二）推进乡村治理内容透明化

登上微信公众平台就可以了解村务信息，不出村也可以在线办理合作医疗，通过手机 APP 可以实时了解乡村垃圾处理状况……近几年，各种数字技术在乡村政务服务中逐渐得到应用，为广大乡村地区的人民带来了实惠与方便，数字化成了乡村治理的“好帮手”。即使是外出务工的村民，也能及时知晓村里发生了什么事情。村内党务、村务、财务和其他公共事务可通过 QQ 群、微信群等网络信息平台进行披露，接受人民群众的监督，“网络 + 村务公开”的民主监督模式逐渐成形，这有利于推进乡村治理内容透明化，深受村民的喜爱。

总之，乡村治理的范围很广，工作量很大，事务也很复杂，健全的乡村信息平台可以促进乡村党务、政务、财务及其他信息公开，促进乡村治理内容与方式的网络化、透明化，将村里的事情搬到了手机里，有效地提升了村民的参与度。

（三）推进乡村治理方式数字化

伴随着数字乡村信息化基础设施的日趋完善，数字政务已由城市向乡村扩展，数字化手段不仅为村民参与乡村治理提供了便利，还有利于乡村治理工作人员效率的提升和管理的便捷。以前村民办事需要往返奔波，不但办理时间长，而且手续繁多，十分不便。而在数字乡村建设下，乡村便民服务中心开设了多个办事窗口，可代办各种业务，村级代办点服务事项类型也日渐增多，全面实现“一张审批网”运行，将“群众跑”变为“数据跑”。另外，只要有网络，乡村干部就可以随时随地进行线上办公，不会耽误工作进度。以乡村危房改造项目为例，数字乡村建设监控平台可以精准地展示村民住址、从多角度绘制房屋外观、对村民所住房屋进行安全评定等，不仅能使过去复杂的乡村住房保障核查与管理工作变得容易，还能融合乡村生活垃圾收运处置体系、乡村生活污水处理、传统村落建设管理等项目，助力实现乡村建设一张图、一体化、集成式管理，深化乡村综合服务能力建设，通过信息化推进乡村治理能力现代化。

由此可见，数字乡村借助大数据、云计算、人工智能、区块链等数字化新技术、新业态，能够满足乡村居民在教育、就业、养老等方面的需求，实现医疗和其他公共服务自动化、乡村治理数字化。

（四）引导乡村治理动力前置化

数字技术能够对乡村个体和组织的观念、心理、行为规律做出科学的解读和分析，有助于把更多的乡村社会矛盾和冲突化解于萌芽时，推动乡村治理动力激发模式从事后处理向事前预防转型。

数字乡村的发展会全面激活乡村治理的“神经末梢”，切实增强乡村对各种风险的预警和防范能力。一方面，数字乡村综合治理平台投入使用以来，村民自家安装的社会资源摄像头陆续接入，乡村未来基本可以实现监控全覆盖。村干部可随时查阅监控，以便开展各项基层治理工作。村干部的适时介入能将矛盾扼杀在摇篮中，如此一来，乡村矛盾纠纷的调解成功率就会大幅提高。另一方面，数字乡村建设的价值还体现在案件预警方面，各种监控数据可以帮助村干部发现案件的苗头，将案件发生的概率尽可能降低，保护村民财产和人身安全，维护乡村社会和谐安定。

二、数字乡村建设策略

鉴于数字乡村对实现乡村法治体系现代化的重要价值，各方必须大力推进数字乡村的建设，具体可以从以下几个方面入手，如图 6-8 所示。

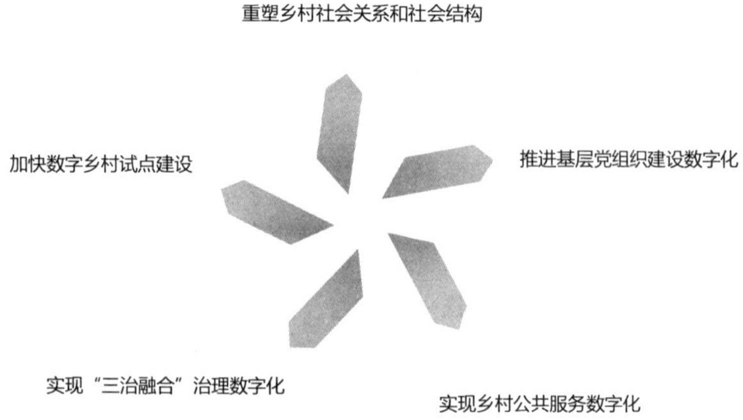

图 6-8 数字乡村建设策略

（一）重塑乡村社会关系和社会结构

数字乡村不应该被简单地描述成大数据、人工智能、区块链等现代信息化技术。建设数字乡村是把这些技术合理运用于乡村治理之中，重塑新型乡村社会关系、社会结构。

1. 村民与乡村干部关系的重塑

数字乡村建设需要乡村干部适时公开党务、村务、财务及其他涉及村民利益的事项，推进村庄治理信息透明化和对称化。在这种情况下，村民和乡村干部的关系是对等的，可以以协商对话的方式共同处理村庄公共事务。通过数字乡村综合治理平台，乡村干部可帮助村民及时解决实际问题，村民会更加信任乡村干部，干群关系更加紧密，村民凝聚力进一步提高，村级自治的活力进一步增强。具体而言，在干群关系愈加紧密的背景下，数字乡村建设可通过网格化管理和综合治理平台的全面整合，克服信息传播单向性的问题，推动乡村信息迅速、有效流转；村民可以通过小程序迅速提出自己的利益诉求，获取事件处理的实时进度；乡村干部可以精准把握村民的需求动态，更好地整合现有资源。

2.外出村民与村庄关系的重塑

数字乡村背景下，乡村治理会表现出“脱域治理”的特点，即不受时间和空间的制约。这意味着不管是外出村民还是留守村民都可以共享治理信息资源，他们在乡村自治方面的参与度的差异减少。同时，不同地区的乡村居民都可以通过互联网技术实现跨地域交流沟通和互动协作，从而形成一个新的社会网络关系结构，即虚拟共同体。如此，村民自治具有的民主性和代表性就显现出来了。乡村法治应坚持以人为本和依法办事原则，尊重乡村优秀传统文化和风俗习惯。乡村干部应当同等对待外出村民与留守村民，一切事务的管理都要让外出村民了解和参与，重塑外出村民与乡村的关系，使远隔千里的村民也能够为乡村建设出谋划策，在网络平台上参与乡村治理。总之，数字乡村建设要优化乡村治理参与结构，使外出村民与乡村之间的社会纽带再次联结在一起，重新组合治理单元，让治理成效惠及千家万户。

3.乡村自组织与乡村干部关系的重塑

数字乡村战略下，网络村民自组织得到了进一步发展。一方面，网络村民自组织数量的增长有利于村民参与乡村公共事务治理；另一方面，村民以“组织化”的形式表达利益诉求更容易得到乡村干部的重视。乡村干部村民的意见要及时给予合理答复、采取有效的解决方案，不然，很容易引发网络群体性事件，影响乡村社会的稳定团结。因此，加强对网络村民自组织的引导和规范，重塑乡村自组织与乡村干部的关系已经成为当前数字乡村建设的关键任务之一。在这个重塑过程中，乡村治理的成效也会得到相应提升。

（二）推进基层党组织建设数字化

1.建立基层党组织管理的数字化平台

推进基层党组织建设数字化必须强化党在乡村治理工作中的领导，构建党委领导下的乡村法治体系。为此，乡村基层党组织先要自我管理，通过建立基层党组织管理的数字化平台，来完善党建工作机制和方法，强化基层党组织在数字时代基层执政能力建设中的作用。具体包括建立党员信息数据库，推行党务信息化管理，做好网上党员发展、联系和教育工作，等等。

2. 建立健全网上服务型党组织

推进基层党组织建设数字化要建立健全网上服务型党组织，生成网上党组织或者党员服务群众承诺名单，增强党组织和党员为乡村人民群众服务的自觉性和主动性；开展“党建+”行动，建立乡村治理和公共服务综合服务平台。外出打工或者留守的村民如有需求，可通过微信、QQ 等社交平台向党组织发送信息进行咨询、寻求帮助，从而使党组织能够掌握乡村人民群众服务需求情况，打通为乡村人民群众服务的“最后一公里”。

3. 加强党务网络监督

推进基层党组织建设数字化需要进一步提高网上党务的公开程度，推动乡村人民群众通过网络对基层党组织进行监督。利用微信公众平台等网络平台开展党员活动是目前我国基层党支部建设的一种新模式。通过网络平台，村民可以不受时间和空间制约，为基层党组织开展工作献计献策，从而基层党组织在任何时间、任何地点都能倾听群众的需求，了解到需要做什么才能更好地优化自身各方面的工作。网络也为党员干部提供了一个展示自我风采和能力水平的平台，使广大党员干部都能及时了解自身素质水平及改进方向。同时，基层党组织建设数字化要新增群众网络测评模块，把群众网络测评结果列为基层党组织绩效评估的一项重要内容，督促基层党组织切实做到服务群众、联系群众，做值得广大群众信赖的“伙伴”。

（三）实现乡村公共服务数字化

数字乡村建设必须实现乡村公共服务数字化，具体可以从以下五个方面入手。

1. 建立城乡公共服务融合机制

要实现乡村公共服务数字化，可以通过信息技术把城市公共服务资源向乡村地区拓展，实现城乡基本公共服务均等化，使城乡居民共同享有经济社会发展成果。为此，国家需要重视城乡基本公共服务均等化空间的非均衡性特征，建立城乡公共服务融合机制，推动促进城乡基本公共服务均等化的有效措施与政策的落实，提高乡村地区基本公共服务的供给水平，逐步缩小城乡基本公共服务供给差距，重点解决城乡基本公共服务供需平衡问题，挖掘推动城乡基本公共服务均等化发展的全方位影响因素，多层次推进城乡基本公共服务均等化。

2. 建立乡村公共服务长效推动机制

要实现乡村公共服务数字化，就要通过正确实施数字化策略，把政府部门、社会组织、公共服务供给链条上的盈利部门和其他不同主体的作用划分清晰，对乡村公共服务提供者、使用者、监管者的所有责任进行严格界定，推动乡村公共服务的内容从碎片化向整体化转变，减少重复、多余的乡村公共服务。具体而言，政府要以政府购买的方式、公私合作的形式，引导更多的社会资本投入基本公共服务的供给，探讨多元主体介入、城市优质资源要素下乡的乡村公共服务长效推动机制，进一步改善城乡资源配置的均衡性。例如，在基础教育和文化服务方面，政府要引导社会资本对乡村基础教育进行投资，使城乡教育资源配置逐步均等化，加快推进城乡教育联合体建设，鼓励城乡学校组建“学校联盟”或者实行“集团化办学”；搭建城乡统筹公共文化服务平台，加大乡村文化基础设施建设力度，提高乡村文化服务总量，实现城乡文化基础设施资源整合，加快推进城乡文化一体化，提升乡村全民阅读水平，提高文体活动和其他公共服务供给质量。

3. 推进乡村政务服务数字化

乡村公共服务数字化要通过推进乡村政务服务数字化来实现。目前我国正处于实施“互联网＋政务服务”战略的关键时期，推进信息化建设是新时代解决“三农”问题的重要途径。为此，国家要让“放管服”释放更多改革红利，推动数字乡村建设，把与村民生产生活息息相关的行政审批、便民服务、民生保障等相关的政务工作搬到互联网平台上，搭建乡村电子政务平台，落实“不见面审批”和“最多跑一次”的政策方针，提高乡村人民办事的便利程度。

4. 增强乡村公共服务的普惠性

实现乡村公共服务数字化要利用信息化和互联网技术，把乡村留守老人、孩子、妇女、残障人士及其他人群的基本情况、需求数据化、网络化，为其提供现代远程医疗、教育、援助、就业培训及其他线上服务，及时解决他们的需求，增强乡村公共服务的普惠性。为此，国家要统筹土地、投资、税收、资金及其他各种支持政策，激活现有设施资源，低价或者无偿向普惠性非基本公共服务供给主体提供服务，减少他们获得公共服务的成本。

5. 精准化监管提供质量保障

实现乡村公共服务数字化要以精准化监管为抓手，为乡村公共服务提供质量保障。具体而言，监察机关要将数字技术应用于乡村公共服务的监督检查中。例如，运用区块链、大数据、人工智能技术对行政审批工作、财政资金进行管理和使用，对公共资源交易等情况进行动态监测，通过多维度的数据分析，精准查找不合规的行为线索，并通过数字技术实现实时推送，并在线下进行核实；还可利用虚拟现实、全息投影等技术使受教育者更有身临其境的感觉，深化廉政警示教育的成效。总之，“让数据说话”的方式有助于监察机关切实把握有关信息，以精准化监管的方式保障乡村公共服务供给质量。

（四）实现“三治融合”治理数字化

自治、法治、德治“三治融合”能够充分发挥乡村治理的能量，激发乡村发展活力。因此，数字乡村建设要实现“三治融合”治理的数字化。

1. 自治数字化

自治数字化就是把当下流行的数字技术应用于自治行为中。村民自我协商、自我决定乡村事务是村民自治的一种表现形式。自治数字化要借助微博、微信公众平台和其他类型的平台，快捷公开乡村党务、村务、财务情况，维护所有村民的知情、参与、表达、监督等权利。

2. 法治数字化

法治数字化要发挥新媒体的赋权功能和法治基础。依托大数据技术对乡村纠纷进行分类研究和研判，建立多元联动治理机制。乡村基层政府要搭建乡村公共法律服务信息服务平台，把公益律师、调解员、村民三方融合在一个平台中，利用互联网技术和大数据手段实现乡村治理方式转变，建立乡村社区网格化管理格局，指导村民通过网络平台表达利益诉求，由调解员在线上进行沟通调解，调解未果再由公益律师出面调解，使乡村矛盾在线解决，探索创新新时代“枫桥经验”数字化模型，做到“小事不出村、大事不出乡”。

3. 德治数字化

德治数字化要巧妙利用数字化平台实现德治先行。具体而言，乡村基层政府和村委会可以开展系列活动，搜集乡村好人好事，建立和完善道德先进事迹数据库，设立电子功德银行，对在电子功德银行拥有大量积分储蓄的先进个人和企业进行表彰和奖励，建立道德标杆，倡导正能量，用社会主义核心价值观统领乡村德治，引导村民自觉践行社会主义核心价值观。

（五）加快数字乡村试点建设

2022 年 1 月，中央一号文件《中共中央　国务院关于做好二〇二二年全面推进乡村振兴重点工作的意见》发布，进一步明确了数字乡村建设重点工作，提出了“加快推动数字乡村标准化建设，研究制定发展评价指标体系，持续开展数字乡村试点”三项任务。由此可见，数字乡村试点建设是数字乡村建设的先行任务，可以为全面推广数字乡村建设提供依据。

当前，全国第一批数字乡村试点正在建设中，未来将由点到面，推动数字乡村高质量发展。以山东烟台朱吴镇为例，朱吴镇是首批国家数字乡村试点地区创建的首个数字乡村示范试点镇，通过创新开发多场景数字化应用，该地探索建设了数据大屏、数字旅游、信用积分等，走出了一条数字乡村建设的新路子。朱吴镇有很多数字化应用方面的探索，具体有以下几种。数字旅游是当地基于大数据等新技术打造的数字文旅应用，当地政府在朱吴地雷战、丁家夼、九岭夼、樱桃谷等景区加装了多台客流量、车流量统计摄像机以及人脸识别设备，利用大数据手段分析客流数据，帮助优化景区运营管理，推动旅游业高质量发展；在应用板块设有实景 VR，游客通过应用可线上游览朱吴镇主要景区及农家乐民宿，了解景区位置及游览路线情况，从而游客吸引范围扩大了，景区宣传力度提升了。朱吴镇还搭建了数字环卫应用治理平台，民众遇到环境卫生问题时，可以以图片、视频的方式在平台上报备。在乡村工场应用上，民众可发布农产品买卖信息，企业也可发布用工需求，线上发布线下成交的方式能够解决供需信息闭塞问题。数据填报应用则是当地基于数据底座快速生成的线上便捷的移动采集工具，适用多场景民众基础信息采集，主要用于网格员信息采集、重点人群管控等场景，改变了以往烦琐的纸质采集、线上录入方式，降低了信息录入错误率，提升了基层工作效率。在创新完善数字应用的同时，朱吴镇加快数字新技术的融合，依托云计算、物联网、5G、人工智能、大数据等信息技术，对乡村基础设施进行数字化改造，深入探索数字乡村发展新模式。

第七章

“三治融合”的现代化乡村法治体系构建的总结与展望

第一节　“三治融合”的现代化乡村法治体系的实现

党的十九大首次提出乡村振兴战略后，于 2017 年底召开的中央农村工作会议进一步就乡村振兴战略实施路径做出具体规划，提出“必须创新乡村治理体系，走乡村善治之路”。建立自治、法治、德治“三治融合”的现代化乡村法治体系正是对这一愿景的有效回应。该体系充分考虑了自治、法治、德治在乡村治理中的功能，体现出情、理、法兼具的中国特色治理方式。

一、基层党建是实现“三治融合”的现代化乡村法治体系的重要保障

自治、法治、德治“三治融合”的现代化乡村法治体系的构建需要发挥基层党建的引领作用，发挥基层党组织在乡村治理中的核心作用。村干部在乡村社会治理中承担着沟通政府与乡村民众的桥梁纽带作用，扮演着政策宣传员、政策实施者、政府形象代表者、村民利益代言人等多重角色。其言行直接影响党和政府在村民眼中的形象和公信力，也关系着国家顶层设计在基层的切实落地。因此，“三治融合”现代化乡村法治体系实现的关键是注重基层党组织建设。党和国家应通过营造风清气正的政治生态和良好的发展环境，不断促进基层党组织自我净化、自我完善、自我革新和自我提高；进一步加强党员干部队伍建设，注重党员干部对新知识、新观念的学习，培养新时代的乡村干部队伍，提高其思想认识、乡村治理能力和综合素质；强化基层干部理想信念，紧抓作风建设不松懈，发挥其在群众中的模范带动作用和乡村工作中的领头羊、发动机功能。

二、乡村民众是实现“三治融合”的现代化乡村法治体系的力量源泉

乡村民众既是乡村社会治理的对象，又是乡村多元共治格局中的治理主体之一。无论是乡村自治还是乡村法治、德治，都离不开广大乡村民众的积极

支持和参与。脱离广大乡村民众去谈乡村治理，无论自治、法治还是德治都会如同无源之水、无本之木，难以永葆生机和活力。构建自治、法治与德治“三治融合”的现代化乡村法治体系，需要从创新乡村自治机制着手，调动村民的参与积极性和主动性。

首先，要尊重村民在乡村治理中的主体性。尊重村民主体性就是要重视村民的主观意愿和自主决策权。乡村基层政府和村委会要充分尊重广大村民意愿，调动广大村民的积极性、主动性和创造性，把广大村民对美好生活的向往转化为推动乡村振兴的动力，把维护广大村民根本利益、促进广大村民共同富裕作为出发点和落脚点。对村民意愿的尊重恰恰是我国目前部分乡村地区工作的薄弱点，在地方政策的决策、实施和反馈等环节，作为实施对象和受益方的村民对事关本村发展的公共政策缺乏话语权。要想改善这一点，有关部门要转变固有认识模式和行为方式，真正做到尊重乡村民众在乡村事务中的自主决策权，尊重村民在基层实践中的首创精神；还要以民主选举、民主决策、民主管理、民主监督建设为重点，健全基层民主协商机制，扩大民意表达渠道，进而保障村民的知情权、参与权和决策权；也要合理设置议题，从村民最关注的切身利益问题入手，调动村民参与讨论和决策的积极性。

其次，要创新基层民主参与平台，拓宽村民参与渠道。村民参与程度既与其自身民主意识有关，又受现实参与渠道影响。虽然我国持续推进乡村民主建设，但乡村社区治理能力和水平与城市社区相比仍存在一定差距，乡村内专业社工人数、社会组织的数量和种类均少于城市社区。在村民会议、村民代表会议等原有自治载体存在不足的情况下，乡村基层政府有必要对现有乡村民主参与平台进行调整和创新，以满足乡村治理主体多元化、治理对象扩大化、治理方式合作化、治理权威约定化、治理利益共享化的发展需要。这需要以需求为导向，建立多元化的乡村内生社会组织，如各种理事会、协会、议事会等，以提高村民的组织化程度；还需要适度放权给社会组织，让村民能够以各种组织活动为平台，逐步提高自治意识和能力，最终实现有效参与乡村治理的目标。袁湖村正是以理事会、协会为依托，通过由村“两委”赋权给村民理事会的形式，为全体村民参与村级事务提供了平台。这样，在培育、壮大社会组织的同时，村民完成了从幕后到台前、从旁观者到参与者和见证者的转变。

三、补齐法治德治短板是实现“三治融合”的现代化乡村法治体系的有效路径

推进国家治理能力现代化需要坚持依法治国与以德治国相结合。目前法治与德治在乡村治理中的作用发挥尚不充分，存在一定现实挑战，这需要进一步补齐治理短板，促进两者功能发挥。

首先，要推进法治建设的进程。乡村法治建设是落实全面依法治国战略的重要举措，也是乡村振兴不可割裂的重要内容。只有强化乡村这个法治建设的薄弱环节，才能真正实现全面推进依法治国的总目标——建设中国特色社会主义法治体系和社会主义法治国家。在我国乡村，法治建设存在法律制度不健全、法律服务供给不足、法律意识薄弱等问题，推进乡村法治建设需要从弥补上述不足着手。健全乡村法律规范需要考虑乡村特性，针对乡村实际完善现有法律，形成多层次的法律体系，包括修订或废除不适应乡村社会发展需要的法律、法规，扩展涉农法律适应范围，提高部分涉农法律立法层次，以提升法律在保障农民权益、规范乡村经济秩序、保护生态环境和化解乡村社会矛盾等方面的权威性和可操作性。

其次，要对德治功能进行进一步完善。德治相较于法治而言，其作用对象更为宽泛，适应范围更广，也更符合乡村内部的运行逻辑。在乡村这个以血缘、地缘和姻缘关系为基础的熟人社会中，村民习惯以村规民约为行为准则，有自己的人缘、人情和人伦法则。村民之间的矛盾纠纷除非严重违法或侵害对方权益，一般以调解方式解决。因此，要从发挥村规民约功能、加强乡村文化建设等方面完善德治功能，有效弥补现代化乡村法治体系构建中的短板。

总之，在“三治融合”的现代化乡村法治体系的构建过程中，基层党建是其重要保障，村民参与是其力量源泉，补齐法治德治短板是其有效路径。因此，建立自治、法治、德治相结合的现代化乡村法治体系，需要从强化基层党建、注重村民参与和推进乡村德治法治建设着手。

第二节 创造共建、共治、共享的乡村法治新格局

在构建现代化乡村法治体系，促进“三治融合”融合发展的同时，国家要进一步推动多元协同的共建平台、乡村共治机制以及乡村共享分配制度等方面的发展，打造共建、共治、共享的乡村法治新格局。

一、构建多元协同的乡村共建平台

（一）完善乡村共建平台的相关配套制度

现代化乡村法治体系的构建需要从制度方面进行创新，充分利用新型制度来对乡村治理过程中的各治理主体进行规范和约束，运用法治手段对其权责范围进行明晰，通过相关配套制度的完善来促进自治、法治、德治三方面进一步融合发展，构建和谐稳定的乡村社会发展秩序，形成以法治为核心，自治、德治为辅助的“三治融合”的现代化乡村法治体系。在现代化乡村法治体系的构建过程中，乡村基层政府要将村民自治放在基层治理的重要位置，通过建设上下一体、融会贯通的现代化乡村法治体系，引导乡村民众共同参与乡村共建平台的配套制度建设，构建政府、市场、社会多元协同、共同参与的乡村共建平台。

完善乡村共建平台相关配套制度要注意以下几个问题。第一，要健全乡村自治制度。乡村基层政府要结合本地区的实际发展情况和存在的问题，在广泛听取乡村民众意见的基础上，对当前乡村自治制度中不完善、不合理的部分进行改进。第二，要健全乡村法治制度。在乡村治理过程中，法治是核心也是保障，乡村基层政府要充分发挥法治的力量来对乡村权利主体进行约束，对乡村道德观念进行重塑，全面提高乡村民众的道德意识和自觉遵守制度规范的意识。第三，要健全“三治融合”制度。在“三治融合”现代化乡村法治体系中，自治、法治、德治每一部分都在乡村治理中发挥自己的作用，对“三治融合”制度的完善能够有效解决乡村治理过程中出现的各种矛盾和问题，加快实

现乡村振兴，开创共建、共治、共享乡村法治的新格局。

（二）强化市场对多元主体乡村共建平台的引导

要发挥好市场对政府、市场、社会多元主体协同投入的乡村共建平台的引导，需要做好以下工作。

首先，要完善乡村市场经济体制。在发展乡村市场经济的过程中，乡村基层政府要积极转变职能，在市场经济的引导下实现由管理职能向服务职能转变。促进乡村基层政府在职能方面的转变并不意味着一味提倡其服务职能的发挥，基层政府的管理职能依然受到重视，原因是只有在政府的主导下，乡村市场经济才能够更好地发展。当下，乡村合作经济组织逐渐发展完善，其作为乡村治理主体之一，应积极参与乡村治理。乡村合作经济组织的参与有利于提升乡村治理水平，改进乡村治理模式。

其次，应推广市场引领下的乡村治理。乡村基层政府应对乡村发展的市场经济发展状况进行详细分析，在清楚优势和劣势的前提下，以科学、客观的方式来对乡村治理进行整体规划，这样才能取得良好的治理效果。具体来说乡村基层政府需要做好以下几方面工作。第一，按照相关法律法规对自身以及村委会的职权范围进行划分，明确职责，转变职能。第二，加快乡村市场经济制度建设。针对乡村治理过程中出现的问题，乡村基层政府应采取相应的配套制度进行完善，尤其要注重乡村市场经济体制建设。第三，完善乡村经济组织的相关运行机制。随着乡村经济不断发展，大量的乡村经济组织发展起来。乡村基层政府应建立规范的乡村经济组织的运行机制，引导和鼓励这些组织参与现代化乡村治理。第四，开展乡村治理模式的有益探索。乡村基层政府要开展对以市场为导向的乡村治理模式的探索，通过“企业 + 农户 + 乡村组织”“乡村精英 + 农户 + 乡村正式组织”等多种模式的构建，积极发挥市场的引导作用，充分激发乡村居民的能动性和积极性，提高乡村社会经济的活跃性，有效维护乡村居民的根本利益。

二、完善乡村共治机制

在现代化乡村治理中，乡村民众是主要力量，乡村基层政府应以自治、法治、善治为基石，发挥乡村民众的自治能力，提升乡村民众的自治水平，完善乡村共治机制，谋求现代化乡村法治新格局。

（一）创新社区文化，提高乡村民众的参与意识

在建设社区文化、进行乡村治理的过程中，乡村基层政府需要充分尊重当地乡村民众的意愿，考虑当地的风俗习惯和生活状况等现实情况，从乡村民众的实际需要出发，制定具体的发展方案。在新时代的乡村治理和社区文化建设过程中，构建一个具有强烈凝聚力和认同感的精神共同体是有必要的。乡村基层政府要积极引导乡村民众进行自治，激发他们的组织能力和自治能力，鼓励乡村民众参与乡村治理，通过制定相关政策，提升乡村经济合作组织的治理能力。

我国社会正处于转型时期，乡村民众的传统意识比较强，且整体文化素质较低，对乡村治理共治机制的理解不够，这就需要乡村基层政府通过加强社区文化建设来提高乡村民众对乡村共治的认识，引导他们积极参与乡村治理，实现角色转换。在乡村治理过程中，要建设积极健康完善的社区文化，就需要塑造乡村民众的精神，提高其自觉参政议政的觉悟，从而提升乡村民众思想文化素质，为乡村自治打好基石。在建设社区文化的过程中，乡村基层政府要注重弘扬社区文化精神和培育乡村民间组织，从多方面着手促进社区乡村民众之间的互动，增强其集体意识和对社区的信任感。乡村基层政府可以通过一些有创造性的方法来实现社区文化的创新，提升村民的自治意识和沟通交流的能力。例如，可以通过文化设施、教育设施等社区设施的完善，来促进居民生活区的文体活动开展，丰富社区民众的精神生活；通过整合社区人力资源来进行社区安全防护、打击犯罪，维护社会安全，促进社区和谐；等等。这些做法对乡村社区文化建设具有重要作用和积极意义，在促进乡村社区文化发展的同时能够从侧面减轻基层政府压力。

（二）推动乡村社会组织发展，促进乡村治理的多元参与

在乡村治理过程中，乡村基层政府要做好以下几点。第一，乡村基层政府要充分激发乡村民众参与乡村治理的积极性和主动性，发挥乡村民众参与公共事务治理的能动性，推动乡村社会组织的发展，以乡村社会组织的发展为依托，鼓励乡村治理多元主体的参与。第二，乡村基层政府要重视新型职业农民的培育。新型职业农民需要具备良好的政治意识和法律意识，乡村基层政府需

要引导其主动参与乡村治理。第三，乡村基层政府必须加强对留守村民的思想教育，组织专业化人才队伍，进行专业技能的培训，提高留守村民技能水平、思想道德意识。第四，乡村基层政府要积极引入青壮劳力，吸引青壮劳力回乡创业、投资，发展乡村经济。第五，乡村基层政府要不断优化和创新治理方式，社会治理不能仅仅依靠党和政府，更要让乡村民众广泛参与进来，通过乡村自治实现社会治理多元合作的协同发展。另外，乡村社会组织要明确自己的优势，发挥自己的能动性和主体作用，积极推动乡村社会建设过程中各个方面的发展、不同领域的进步，只有这样才能实现政府治理与村民自治齐头并进、良性互动，进而形成治理的强大合力。

三、强化乡村共享分配制度

乡村共享分配制度能够保障和改善乡村民众的生活，实现乡村发展成果的共享。强化乡村共享分配制度，建立良好的制度供给体系和保障体系可以在提升乡村民众幸福感、获得感的同时，促进乡村发展成果共享的实现。

（一）落实乡村土地制度改革，构建乡村民众利益共同体

土地是农业之本、农民之根。土地制度是一切制度中最基础的制度。国家要坚持把依法维护乡村民众的权益作为出发点和落脚点，坚持乡村土地属于乡村集体所有的原则，在对乡村土地经营制度进行巩固和完善的基础上，进一步推进乡村土地制度的改革，构建乡村民众的利益共同体。乡村集体所有制要充分保障乡村居民的生存权，维护乡村民众的根本利益，乡村基层政府要在严格遵守法律和政策要求的前提下，鼓励乡村民众开展多样化生产经营方式，发展新型农业，构建乡村民众利益共同体。在这一过程中，乡村基层政府要注意乡村民众为新型农业发展的主体，要通过打造全面的乡村社会服务体系来对其进行多方面的培训，提升其后续发展动力，促进乡村新型农业的发展和乡村基本经营制度的创新，从而推进乡村治理的现代化发展和可持续发展。

（二）推行新型农业经营体系，构建乡村经济财富共同体

乡村发展要立足实际情况，充分利用当地独特的资源优势，因地制宜发

展乡村特色产业，实现乡村民众经济收入的提高，促进乡村经济财富共同体的构建。

首先，在推行新型农业经营体系方面，乡村基层政府要适应现代化乡村发展的需要，大力扶持现代化农业、新型农业的经营主体，促进乡村农业合作社的发展。在推行新型农业经营体系的过程中，乡村基层政府要注重对乡村新型农民进行农业专业技术知识、营销能力等方面的培训，通过引进专业人才来对他们开展农业技术指导，促进农业产业绩效大幅度提升；还要重视对新型农民经营理念、营销知识、营销技术等方面的培训，打通农业产品的销售渠道，实现效益的有效转化。

其次，在构建乡村经济财富共同体方面，乡村民众是乡村经济财富共同体的主人，也是乡村治理过程中的参与主体。因此，在构建乡村经济财富共同体的过程中，如果乡村企业只有部分资产是集体资源或公有资产，其资金就需要由乡村民众共同募集，或者按股份分配制度进行分配。这种办法可以使村民集体享有企业的管理权、经营权。在村民集体企业发展的过程中，发展形势较好、盈利较多的企业可以转变为现代企业，甚至可以像现代企业一样进行上市交易，从而实现企业价值的提升，使村民获得更多的收益。

（三）深化服务的均等供给，构建乡村公共服务共同体

公共服务共同体是满足村民最基本的民生需求的服务体系，具体包括医疗、教育、交通等方面。打造乡村公共服务共同体是推进现代化乡村法治体系构建的关键。

首先，国家要从政策上体现乡村公共服务共同体法治化和公平公正的有机结合，保证村民的知情权和监督权；要发挥村民在构建公共服务共同体过程中的作用，积极满足村民的需求；要深化服务的均等供给，结合乡村的实际发展水平和现代化乡村法治总目标来制定相关法律体系，深化乡村公共服务的均等供给，构建乡村公共服务共同体，为乡村居民和城市居民提供等值服务。

其次，乡村基层政府要推进乡村基础设施和娱乐设施等公共服务设施的建设，为村民提供生活便利；要加强网络通信基站的建设，为乡村居民提供便利的通信服务；要营造积极健康的乡村氛围，注意村民对文体活动需求的增长，推进体育健身和休闲娱乐设施的建设，丰富村民的业余文化生活。

四、谱写“三治融合”的现代化乡村治理新篇章

“三治融合”的现代化乡村法治体系的构建需要基层党组织加强对村民委员会等基层组织的全面领导，积极探索乡村治理的新模式，谱写现代化乡村治理新篇章。

（一）发挥乡村社会组织协同治理作用的最大化

现代化乡村法治体系构建强调乡村治理重心的下移，其目的是促进乡村基层资源的共享和更广泛的服务提供，同时为乡村民众自主参与乡村基层公共事务的管理提供有效权益保障。一方面，乡村社会组织作为乡村地区资本比较集中的场域，可以广泛吸纳乡村各界精英人士加入，如优秀党员干部、退休教师、农业技术专家等。这些精英人士的加入能够为乡村事务的决策提供有效帮助，有助于乡村治理中实际问题的解决，同时能够有效保障乡村民众的合法权益，提高乡村民众的生活质量和幸福指数。乡村社会组织参与乡村公共事务的治理能有效弥补政府职能的不足，担负起连接基层政府与乡村民众、加强两者之间沟通的功能。在有效传达基层政府的政策和制度、促进民众执行的同时，乡村社会组织能将乡村民众的想法和建议反馈给基层政府，有利于基层政府及时了解乡村民众的情况，从而构建有效的乡村公共服务体系。另一方面，在现代化乡村法治体系构建过程中，乡村基层政府要发挥主导作用。乡村基层政府主导下多元主体进行社会协同治理能够有效提升乡村治理的效率和速度。特别是在乡村基层政府和乡村社会组织的协同治理中，乡村基层政府可以通过制定优惠政策等方式来发挥其主导作用，帮助乡村社会组织获得更好的发展，从而推动乡村治理工作的开展；乡村社会组织作为乡村治理的重要主体，要明晰自己的权责范围，发挥自己在乡村治理中的作用，积极承担自己的责任和义务，做好乡村基层政府和乡村民众之间的沟通和协调工作，促进乡村社会协同治理的实现。

（二）促进“三治融合”治理向社会化、法治化、智能化与专业化发展

促进“三治融合”治理向社会化、法治化、智能化与专业化发展对现代

化乡村法治体系的构建具有重要的指导意义。在促进自治、法治、德治“三治融合”的发展过程中，乡村基层政府要充分借鉴国内外乡村治理方面的成功经验，提高乡村社会治理的社会化、法治化、智能化和专业化水平。

首先，在现代化乡村治理过程中，乡村基层政府要提高乡村治理中多元主体的参与意识。乡村基层政府要积极发挥引导功能，通过公众参与、社会协同等多种方式吸引乡村民众、乡村社会组织等主体参与现代化乡村治理，一起建设、完善现代化乡村法治体系；要积极鼓励乡村青壮年和精英人士回乡创业发展，可以出台相关优惠政策、奖励措施来鼓励这部分人士返乡，提升乡村社会的经济活力，带动村民创业致富；乡村基层政府要激发村民的主人翁意识，引导村民积极参与乡村公共事务管理工作，真正形成现代化乡村治理格局。

其次，在现代化乡村治理过程中，乡村基层政府要对乡村治理主体的行为进行约束和规范，提高乡村治理的法治化水平。一方面，乡村基层政府要提高村民的法律意识，促进他们主动学习法律知识，使他们能运用法律武器来维护自己的合法权益。另一方面，乡村基层政府要发挥村规民约的约束作用，进一步提高村民的自觉性，激发其主人翁意识，促使其在行为方面自我约束和规范。

再次，在现代化乡村治理过程中，乡村基层政府要注重现代信息技术的运用，提高乡村治理的智能化水平。大数据时代的到来为贯彻落实乡村振兴战略及加强乡村治理提供了新的理念和路径。以大数据关联乡村生活及产业等智能治理创新，使乡村治理智能化已成为打造共建共治共享乡村治理新格局的重要途径。乡村治理智能化的实现过程应由小试点到大范围，由管理到治理，由单一主体到多元主体，最终实现乡村治理全覆盖。乡村治理智能化具有普遍的现实意义，有利于乡村的进步与发展，能够激发乡村活力，使优质的公共服务不断增加，维护社会和谐稳定，让人民群众有更多的获得感、幸福感、安全感。

最后，在现代化乡村治理过程中，乡村基层政府要做好人才的引进工作，通过专业化人才、专业化团队的引入，提升乡村社会治理的专业化水平。专业人士能给周边的人群带来积极影响，发挥带动作用，在其带领下，会有越来越多具有专业化知识、经过专业化训练的人才投入乡村社会治理工作中，从而促进乡村治理总体水平的提高。

（三）加强对“三治融合”现代化乡村法治体系的教育和引导

在乡村治理过程中，乡村基层组织要增强教育和引导功能，优化村“两委”基层党员干部的理念，创新他们的知识体系。乡村基层党员干部要加强思想建设，提高组织能力、办事能力以及管理水平；提高乡村群众的自治能力、参与事务管理的能力和解决问题的能力，带领乡村群众与社会组织实现多元化协同治理和合作，取得群众的信任；实现乡村治理技术的创新，为外出务工人员参与乡村治理提供方便。具体可以从以下几个方面入手。

第一，乡村基层党员干部要加强思想建设，通过定期培训、组织相关讲座等形式来提高思想觉悟、办事能力以及管理水平。乡村基层党员干部要积极参加学习，努力提高自己的知识文化素养和学历水平，建设一支具有较高知识文化素质、较强治理能力的基层干部队伍；要积极贯彻落实“三治融合”的治理观念，深入了解和把握“三治融合”的具体内涵和相关路径策略，将“三治融合”的正确理念和思想通过恰当的方式传达给乡村民众。

第二，乡村基层党员干部要在“三治融合”现代化乡村法治体系的引导下，结合乡村社会发展的实际情况，提高乡村群众的自治能力、参与事务管理的能力和解决问题的能力。乡村民众要增强法律意识，在乡村基层党员干部的带领和引导下，与社会组织实现多元化协同治理和合作。乡村基层党员干部要创建有效的乡村法律服务平台，提升解决和处理纠纷的能力，更好地保障群众的基本权益，通过法治的力量来实现乡村有效治理；同时要推进乡村德治的发展和乡村民众的思想道德观念的建设。在乡村治理的过程中，村规民约是提高基层群众道德修养的重要途径，乡村基层党员干部应广泛采纳群众意见，设立扎根于当地的乡村传统文化、具有区域特色的村规民约，增强村规民约的软性约束力。

第三，乡村基层党员干部要实现乡村治理技术的创新。在乡村治理过程中，乡村基层党员干部要广泛运用互联网技术、新媒体技术等先进技术手段，实现乡村治理技术的创新。乡村基层党员干部可以通过互联网技术将乡村外出务工人员纳入乡村治理的工作中。乡村外出务工人员虽然不能长期定居乡村，但是从本质上来看，他们仍然属于乡村建设的一分子，他们对自己的家乡有着深厚的感情，也愿意在现代化乡村治理中发挥自己的力量。互联网技术为外出务工人员参与乡村治理提供了方便，通过互联网技术，外出务工人员能够及时了解自己家乡的治理情况，能够提出具有建设性的意见和建议，这些意见和建议能够有效提升乡村治理的活力，促进乡村治理工作不断发展。

总之，在现代化乡村法治体系中，自治、法治和德治这三者是密不可分、互相联系的关系，在具体发展过程中，这三者的侧重点虽有所不同，但都发挥着各自的作用，共同促进现代化乡村法治体系的构建。“三治融合”是对乡村法治体系的实践创新，为乡村振兴战略打下了良好的理论基础，为推进乡村法治体系现代化提供了新的思路和方向。特别是在城镇化加速的社会背景下，推进“三治融合”有利于推动乡村社会实现快速转型，确保基层治理的稳定和谐，形成良好的氛围，保障乡村群众的基本权益。

参考文献

[1] 史凤林. 法治乡村建设的理念与实践 [M]. 太原：山西人民出版社，2021.

[2] 周晖，马亚教. 乡村振兴之乡村自治法治德治读本 [M]. 北京：中国科学技术出版社，2019.

[3] 王裕根. 法治乡村的治理机制与路径构建 [M]. 北京：中国社会科学出版社，2022.

[4] 彭澎. 新时代法治乡村建设的制度探索与理性构建研究 [M]. 长沙：中南大学出版社，2021.

[5] 钟海. 三治融合基层社会治理创新研究 [M]. 北京：中国社会科学出版社，2021.

[6] 浙江省司法厅. 基层社会治理中的自治、法治与德治 [M]. 杭州：浙江人民出版社，2018.

[7] 尹寒. 自治、法治、德治的辩证关系与融合策略创新 [J]. 攀登，2022，41（3）：110–116.

[8] 李小红，段雪辉. 农村自治、法治、德治“三治融合”路径探析 [J]. 理论探讨，2022（1）：70–76.

[9] 王妍. 乡村振兴背景下自治、法治与德治问题探析 [J]. 中共郑州市委党校学报，2021（4）：56–59.

[10] 王天. 自治、法治与德治：新乡贤治村的三个有效维度 [J]. 现代商贸工业，2021，42（34）：110–111.

[11] 周雯婷. 乡村治理体系中自治、法治、德治的概念辨析 [J]. 休闲，2021（10）：281.

[12] 冯留建，王宇凤. 健全自治、法治、德治相结合的乡村治理体系 [J]. 中国高校社会科学，2021（4）：64–72，160.

[13] 刘碧莹. 自治法治德治相结合的乡村治理体系构建浅析 [J]. 青年时代，2020（12）：86–87.

[14] 秦雅荣. 自治法治德治相结合的乡村治理体系的推进路径 [J]. 福建质量管理，2020（15）：220.

[15] 陈丛刊，纪彦伶. 自治·法治·德治：论基层体育社会组织的治理维度 [J]. 山东体育学院学报，2020，36（3）：1–5.

[16] 郁建兴，任杰. 中国基层社会治理中的自治、法治与德治 [J]. 学术月刊，2018，50（12）：64–74.

[17] 吴理财，杨刚，徐琴. 新时代乡村治理体系重构：自治、法治、德治的统一 [J]. 云南行政学院学报，2018，20（4）：6–14.

[18] 高其才. 走向乡村善治：健全党组织领导的自治、法治、德治相结合的乡村治理体系研究 [J]. 山东大学学报（哲学社会科学版），2021（5）：113–121.

[19] 王姿雯，王影. 自治、法治、德治“三治合一”乡村治理体系的内涵探究与启示 [J]. 佳木斯职业学院学报，2020，36（5）：76–77.

[20] 张凯. 中国乡村治理体系中自治、法治与德治的内在逻辑与实践路径 [J]. 绥化学院学报，2020，40（12）：47–49.

[21] 张怡婷，耿祎辉. 新时代“自治、法治、德治”相结合的乡村治理体系探析 [J]. 法制博览，2020（8）：209–210.

[22] 陈松友，卢亮亮. 自治、法治与德治：中国乡村治理体系的内在逻辑与实践指向 [J]. 行政论坛，2020，27（1）：17–23.

[23] 王妹春. 自治、法治、德治相结合的乡村治理体系建设实践与思考：以常熟市蒋巷村为例 [J]. 乡村科技，2020，11（29）：42–44.

[24] 王露璐，刘昂. 自治、法治、德治相结合的乡村治理 [J]. 绍兴文理学院学报（人文社会科学），2018，38（5）：32–37.

[25] 高其才. 健全自治法治德治相结合的乡村治理体系 [J]. 农村·农业·农民（B版），2019（3）：42–43.

[26] 张欣钰. 乡村治理体系中自治、法治与德治的关系 [J]. 法制博览，2019（3）：137.

[27] 陈于后，张发平. 新时代乡村“自治、法治、德治”融合治理体系研究 [J]. 云南行政学院学报，2019，21（6）：13–21.

[28] 张景峰. 新时代健全自治法治德治相结合乡村治理体系探讨 [J]. 河南科技大学学报（社会科学版），2018，36（6）：94–100.

[29] 何显明. 以自治、法治和德治的深度融合推进乡村治理体系创新 [J]. 中共浙江省委党校学报，2018，34（6）：9–11.

[30] 邓超. 实践逻辑与功能定位：乡村治理体系中的自治、法治、德治 [J]. 党政研究，2018（3）：89–95.

[31] 唐金武. 基层党组织引领乡村治理的路径研究：基于自治、法治、德治的思考 [J]. 延边党校学报，2021，37（4）：49–54.

[32] 刘海伟. 自治法治德治“三治融合”打造基层治理新格局 [J]. 乡镇论坛，2021（22）：16–17.

[33] 李江龙. 浅析自治、法治、德治在推进法治乡村建设中的积极作用 [J]. 魅力中国，2021（18）：44–45.

[34] 罗天. 乡村振兴视域下构建党建引领自治法治德治“三治”融合社会治理体系的路径探索 [J]. 新农民，2019（33）：3–5.

[35] 唐艺军. 新时代构建自治、法治、德治相结合的乡村治理体系的思考 [J]. 区域治理，2017（12）：80–81，84.

[36] 王丽敏. 乡村振兴战略视域下乡村自治、法治、德治“三治融合”的实践探索：基于河南省先进村镇的实证分析 [J]. 领导科学，2019（14）：110–113.

[37] 陈勇. “五位一体”的“大调解”机制：一种自治、法治、德治相结合的社会治理体系：以云南楚雄市“大调解”机制为例 [J]. 湖南警察学院学报，

2018，30（3）：28–35.

[38] 于语和，雷园园. 以法治、德治助力村民自治的路径探析 [J]. 湖南警察学院学报，2019，31（1）：15–23.

[39] 张晓燕. 法治、德治和自治视野下的法律疆域 [J]. 复旦学报（社会科学版），2020，62（1）：1–12.

[40] 郭鸿雁. 法治、自治和德治："三治"振兴乡村的协同路径 [J]. 农业经济，2022（10）：34–36.

[41] 徐婧. "三治融合"乡村治理体系的"法治"进路 [J]. 华中农业大学学报（社会科学版），2022（1）：53–63.

[42] 刘妤鑫. 新时代乡村治理与法治、德治融合体系建设研究 [J]. 活力，2022（9）：49–51.

[43] 潘思咏. 乡村治理体系建设中的法治与德治 [J]. 法制博览，2019（35）：221–222.

[44] 张建辉. 乡村治理体系视域下法治建设路径探析 [J]. 成都行政学院学报，2021（2）：44–50.

[45] 刘勃，于晓川. 自治、法治、德治相结合的乡村治理体系研究 [J]. 中国战略新兴产业，2020（24）：76.

[46] 李明源，谢忠伟. 浅析新时代自治、法治、德治相结合的乡村治理体系的构建 [J]. 中国战略新兴产业（理论版），2019（13）：61.

[47] 张兆成. 论新乡贤出场的法治基础、治理体系与运作过程：一种法社会学视阈下的乡村治理新路径探微 [J]. 江苏师范大学学报（哲学社会科学版），2021，47（4）：100–115，124.

[48] 夏红莉. "新乡贤"与健全自治、法治、德治相结合的乡村治理体系 [J]. 湖南省社会主义学院学报，2018，19（3）：64–67.

[49] 李佳富. 健全自治、法治、德治相结合的乡村治理体系是农村现代化建设的新任务 [J]. 实践（党的教育版），2018（1）：25.

[50] 张焱鹏. 乡村治理体系现代化过程中的法治文化建设研究 [J]. 大众投资指南，2018（17）：288.

[51] 吴晓琴. 论自治、法治、德治相结合的乡村治理体系及其现实意义 [J]. 实践与跨越，2018（2）：61–65.

[52] 高岳. 新时代自治法治德治相结合的乡村治理体系路径 [J]. 山东干部函授大学学报（理论学习），2018（11）：28–30.

[53] 韦付萍，王改琴. 乡村社会治理法治化的实践探析 [J]. 新丝路（中旬），2022（8）：21–24.

[54] 吕玲玲. 乡村治理法治化面临的困境与完善路径研究 [J]. 漯河职业技术学院学报，2021，20（5）：68–70.

[55] 颜杨，刘永红. 乡村治理中多元主体的博弈关系与法治破解路径 [J]. 领导科学，2021（20）：103–105.

[56] 胡宝珍，欧渊华，刘静. 新时代"五治融合"乡村治理体系之建构：基于福建乡村治理实践的考察 [J]. 东南学术，2022（2）：126–133.

[57] 罗牧晨，金燕，吴玲."三治结合"的皖北乡村治理体系现代化研究 [J]. 淮南师范学院学报，2022，24（5）：55–59.

[58] 张杨，张腾，赵红. 乡村治理法治化的完善进路 [J]. 长江师范学院学报，2020，36（6）：16–23，121.

[59] 袁琪，金丽馥. 新时代中国乡村治理法治化的困境及其纾解 [J]. 农村经济与科技，2020，31（17）：301–303.

[60] 陈迤权. 法治是乡村治理的必然举措 [J]. 社会主义论坛，2021（5）：42，55.

[61] 程方."四治融合"与良性互动的乡村治理体系构建 [J]. 福州党校学报，2022（1）：64–70.

[62] 孙秀芳，邵林. 我国乡村治理的历史演进及法治化治理的现实思考 [J]. 理论与现代化，2021（3）：66–77.

[63] 张文显. 构建多层次多领域的法治治理体系 [J]. 政府法制，2016（4）：20.

[64] 钱镜伊. 社会治理体系中的法治与德治 [J]. 国际公关，2022（10）：92–94.

[65] 唐剑锋，钱思雯，孙玮. 加强基层治理体系和治理能力现代化的法治实践 [J]. 智库时代，2022（6）：25–28.